2026

박문각 행정사

5년 최다
★ 전체 ★
수석
합격자 배출

이준희
행정절차론

2차 | 핵심요약집

박문각 행정사연구소 편_이준희

동영상 강의 www.pmg.co.kr

박문각 행정사
이준희 행정절차론
2차 | 핵심요약집

PREFACE

머리말

행정절차론의 시험범위는 행정절차법, 공공기관의 정보공개에 관한 법률, 개인정보보호법, 질서위반행위규제법, 행정조사기본법, 행정규제기본법, 주민등록법과 가족관계의 등록 등에 관한 법률까지 총 8개의 법률로 이루어집니다.

40점 논술 문제 즉 사례형으로 출제되는 행정절차법의 경우 처분절차에 관한 대표적인 판례는 반드시 숙지해야 하지만 절차법을 제외한 개별법의 역대 기출문제는 법조문을 정확하게 암기하였는지를 묻고 있습니다. 이때 수험생에게 8개 법의 조문은 절대적으로 많은 양이기에 전략적 접근이 필요합니다.

「행정사 행정절차론 핵심요약집」의 특징은 다음과 같습니다.

1. 행정절차론의 전 범위를 실전 답안용으로 정리하였습니다.

2. 행정절차론에서 출제 가능한 내용을 빠짐없이 수록하였습니다.

논술·약술 시험은 문제에서 주어진 논점을 바르게 파악하고 그에 맞는 내용을 중요 키워드별로 정해진 시간 안에 작성하는 싸움입니다. 따라서 시험에 작성할 분량을 정리하고 암기하셔야 합니다. 마지막으로 자신이 준비한 키워드를 채점자들이 인식할 수 있도록 작성하기 위해서는 계속해서 써보는 연습을 반복해야 합니다.

현재 행정사를 직업으로 갖고 있는 편저자이기에 행정사라는 자격이 상당히 매력 있는 전문 자격사임을 자부합니다. 이 교재로 학습하는 모든 수험생들이 함께 행정사로서 앞날을 꿈꾸길 기원합니다.

2025년 9월 28일

편저자 *행정사 이준희* 올림

GUIDE

행정사 2차 시험 정보

1. 시험 일정: 매년 1회 실시

원서 접수	시험 일정	합격자 발표
2026년 8월경	2026년 10월경	2026년 12월경

2. 시험 과목 및 시간

교시	입실	시험 시간	시험 과목	문항 수	시험 방법
1교시	09:00	09:30~11:10 (100분)	[공통] ① 민법(계약) ② 행정절차론(행정절차법 포함)	과목당 4문항 (논술 1, 약술 3) ※ 논술 40점, 약술 20점	논술형 및 약술형 혼합
2교시	11:30	• 일반/해사행정사 11:40~13:20 (100분) • 외국어번역행정사 11:40~12:30 (50분)	[공통] ③ 사무관리론 (민원 처리에 관한 법률, 행정업무의 운영 및 혁신에 관한 규정 포함) [일반행정사] ④ 행정사실무법(행정심판사례, 비송사건절차법) [해사행정사] ④ 해사실무법(선박안전법, 해운법, 해사안전기본법, 해사교통안전법, 해양사고의 조사 및 심판에 관한 법률) [외국어번역행정사] ④ 해당 외국어(외국어능력시험으로 대체하며 영어, 중국어, 일본어, 프랑스어, 독일어, 스페인어, 러시아어의 7개 언어에 한함)		

3. 외국어능력검정시험 성적표 제출

2차 시험의 원서접수 마감일부터 거꾸로 계산하여 5년이 되는 날이 속하는 해의 1월 1일 이후에 실시된 외국어능력검정시험에서 취득한 성적으로 대체하며, 기준 점수 이상이어야 한다.

◆ 영어

시험명	TOEIC	TEPS	TOEFL	G-TELP	FLEX	IELTS
기준 점수	쓰기시험 150점 이상	쓰기시험 71점 이상	쓰기시험 25점 이상	GWT 작문시험에서 3등급 이상(1, 2, 3등급)	쓰기시험 200점 이상	쓰기시험 6.5점 이상

◆ 일본어, 중국어, 스페인어, 프랑스어, 독일어, 러시아어

시험명	FLEX (공통)	신HSK (중국어)	DELE (스페인어)	DELF/DALF (프랑스어)	괴테어학 (독일어)	TORFL (러시아어)
기준 점수	쓰기시험 200점이상	6급 또는 5급 쓰기 60점 이상	C1 또는 B2 작문 15점 이상	C2 독해/작문 25점 이상 및 C1 또는 B2 작문 12.5점 이상	C2 또는 B2 쓰기 60점 이상 및 C1 쓰기 15점 이상	1~4단계 쓰기 66% 이상

4. 시험의 면제

(1) 면제 대상
공무원으로 재직한 사람과 외국어 번역 업무에 종사한 경력이 있는 사람 등은 행정사 자격시험의 전부 또는 일부가 면제된다(제2차 시험 일부 과목 면제).

(2) 2차 시험 면제 과목

일반/해사행정사	행정절차론, 사무관리론
외국어번역행정사	민법(계약), 해당 외국어

5. 합격자 결정 방법

(1) 합격기준
1차 시험 및 2차 시험 합격자는 과목당 100점을 만점으로 하여 모든 과목의 점수가 40점 이상이고, 전 과목의 평균 점수가 60점 이상인 사람으로 한다(단, 2차 시험에서 외국어시험을 외국어능력검정시험으로 대체하는 경우에는 해당 외국어시험은 제외).

(2) 최소합격인원
2차 시험 합격자가 최소선발인원보다 적은 경우에는 최소선발인원이 될 때까지 모든 과목의 점수가 40점 이상인 사람 중에서 전 과목 평균점수가 높은 순으로 합격자를 추가로 결정한다. 이 경우 동점자가 있어 최소선발인원을 초과하는 경우에는 그 동점자 모두를 합격자로 한다.

GUIDE

출제경향 분석

행정절차론의 시험범위는 행정절차법, 공공기관의 정보공개에 관한 법률, 개인정보 보호법, 질서위반행위규제법, 행정조사기본법, 행정규제기본법, 주민등록법과 가족관계의 등록 등에 관한 법률까지 총 8개의 법률로 이루어집니다.

40점 논술 문제, 즉 사례형으로 출제되는 행정절차법의 경우 처분절차에 관한 대표적인 판례는 반드시 숙지해야 하지만 절차법을 제외한 개별법의 역대 기출문제는 법조문을 정확하게 암기하였는지를 묻고 있습니다. 행정절차 사례는 최근 들어서 기본 개념에 대한 부분을 논점으로 구성하고 있습니다. 따라서 논점별로 작성해야 할 답안을 미리 준비하여 암기하는 것은 물론 기계적 암기가 아닌 정확한 이해가 선행되지 않는다면 자신이 아는 만큼의 답안 작성을 하기가 힘듭니다. 즉 기본이론 과정의 중요성이 더욱 강조됩니다. 또한 판례를 변형한 문제가 출제되므로 판례에 대한 정확한 학습의 중요성을 다시 한번 강조하게 됩니다.

약술 문제의 경우, 적어도 단문으로 정리한 내용은 빠짐없이 보셔야 합니다. 각 개별법의 경우 깊게 정리하기보다는 넓게 정리하는 방법이 수험에는 더 효율적으로 보입니다.

2025년 행정절차론 1번 문제의 물음 1의 경우, 불이익한 처분의 절차 전반을 가능한 범위에서 최대한 많이 작성하셔야 합니다. 일단 문제에서 대상이 되는 처분은 피부양자 자격 박탈이 아닌 납입고지입니다. 따라서 사전통지는 당연히 필요하며, 청문이 아닌 의견제출에 중점을 두고 답안을 작성하셔야 합니다(물론 참고 조문이 나오지 않은 관계로 의견청취절차 전반에 대한 개념 정도를 작성하시는 것이 좋습니다). 그리고 시간상 여유가 되신다면 이유제시까지 설명해주시면 됩니다.

1번 문제의 물음 2의 경우, 수리거부처분에 대한 절차이므로 처분의 사전통지 절차는 거칠 필요가 없지만, 방문하여 신청한 경우이므로 전자문서가 아닌 문서로 통지하여야 합니다.

2번 문제는 위법한 행정조사에 기초한 행정행위의 적법성 여부입니다. 채혈은 강제처분으로 도로교통법의 절차를 준수하여야 하며, 영장주의가 적용됩니다. 행정조사의 위법성을 먼저 작성한 후에 그 위법성이 처분에 승계되는지 여부를 작성하셔야 답안이 논리적으로 구성됩니다.

3번 문제와 4번 문제는 해당 단문을 그대로 쓰시면 됩니다.

이준희 행정절차론
핵심요약집

구분	행정절차법	정보공개법	개인정보보호법	질서위반행위규제법	행정조사기본법	행정규제기본법	주민등록법	가족관계등록법
제1회	• 공청회(40점) • 행정예고(20점)				행정조사 기본원칙(20점)	행정규제의 개념과 행정규제 법정주의(20점)		
제2회	• 불이익한 처분절차(40점) • 신고(20점)	비공개대상정보(20점)	정보주체의 권리(20점)					
제3회	청문 주재자(20점)		영상정보처리기기(40점)		사전통지와 연기신청(20점)		주민등록증 재발급(20점)	
제4회	• 불이익한 처분절차(20점) • 절차상 하자의 효력(10점) • 하자의 치유(10점)	정보공개여부 결정 절차(20점)	개인정보 유출 통지(20점)	과태료 부과·징수 및 불복절차(20점)				
제5회	• 거부처분의 사전통지(20점) • 온라인공청회(20점)	정보공개청구권자와 공공기관(20점)				규제영향분석 및 자체심사(20점)		가족관계등록부의 정정(20점)
제6회	• 이유제시 하자의 효력(20점) • 하자의 치유(20점)	청구인의 구제수단(20점)		질서위반행위 성립(20점)	현장조사의 절차 및 제한(20점)			
제7회	청문(40점)		개인정보의 개념과 손해배상 책임(20점)		기본원칙 및 위법한 행정조사(20점)	규제개혁위원회(20점)		
제8회	• 신뢰보호 원칙(20점) • 거부처분의 사전통지(20점)	제3자의 구제수단(20점)		관허사업의 제한과 고액·상습 체납자에 대한 제재(20점)	행정조사 방법(20점)			
제9회	• 적용범위(10점) • 절차상 하자 여부와 효력(30점)	정보공개청구권자와 비공개대상정보(20점)	개인정보자기결정권과 개인정보보호원칙(20점)	적용 범위(20점)				
제10회	• 처분 방식(20점) • 하자의 치유(20점)	공공기관과 부분공개(20점)			수시조사와 중복조사 제한(20점)	규제의 원칙과 규제개혁위원회(20점)		
제11회	• 사전통지(20점) • 의견제출(20점)	부분공개(20점)		관허사업의 제한(20점)			주민등록번호의 정정과 변경(20점)	
제12회	• 신고의 법적 성질과 당사자 등(20점) • 거부처분의 사전통지, 이유제시(20점)		집단분쟁조정(20점)	약식재판에 대한 이의신청(20점)	자율관리체제의 구축신고(20점)			
제13회	• 불이익한 처분절차(20점) • 처분 방식, 거부처분의 사전통지(20점)		목적외 이용·제공(20점)		위법한 행정조사와 처분의 관계(20점)	행정규제 법정주의, 규제의 원칙(20점)		

CONTENTS

차례

PART 01 행정절차법

- Chapter 01 행정절차법 일반론 · 12
- Chapter 02 처분 · 22
- Chapter 03 신고, 확약 및 위반사실 등의 공표 등 · 37
- Chapter 04 예고 · 41
- Chapter 05 행정지도 · 43

PART 02 공공기관의 정보공개에 관한 법률

- Chapter 01 정보공개 일반론 (정보공개 청구의 적법성) · 48
- Chapter 02 공공기관의 의무 · 50
- Chapter 03 정보공개의 절차 · 51
- Chapter 04 불복 구제 절차 · 56
- Chapter 05 정보공개위원회 · 59

PART 03 질서위반행위규제법

- Chapter 01 질서위반행위 적용범위 · 62
- Chapter 02 질서위반행위의 성립 등 · 64
- Chapter 03 행정청의 과태료 부과 및 징수 · 66
- Chapter 04 질서위반행위의 재판 및 집행 · 71

PART 04 행정조사기본법

- Chapter 01 총칙 · 76
- Chapter 02 조사의 주기와 대상자 · 78
- Chapter 03 조사방법 · 80
- Chapter 04 조사실시 · 83
- Chapter 05 자율관리체제 · 87

PART 05 행정규제기본법

Chapter 01 총칙 · 90

Chapter 02 규제의 신설·강화에 대한
원칙과 심사 · 92

Chapter 03 기존규제의 정비 · 96

Chapter 04 규제개혁위원회 · 98

PART 06 개인정보 보호법

Chapter 01 개인정보 일반론 · 102

Chapter 02 정보주체의 권리 보장 · 104

Chapter 03 개인정보 보호위원회 · 108

Chapter 04 개인정보의 처리
- 개인정보의 수집, 이용, 제공 등 · 110

Chapter 05 개인정보의 처리 제한 · 114

Chapter 06 가명정보의 처리 · 119

Chapter 07 개인정보의 국외 이전 · 121

Chapter 08 개인정보의 안전한 관리 · 123

Chapter 09 개인정보 분쟁조정 · 126

Chapter 10 개인정보 단체소송 · 129

PART 07 주민등록법

Chapter 01 주민등록법상 대상자와
주민등록표 · 134

Chapter 02 주민등록번호 · 135

Chapter 03 등록의 신고 · 137

Chapter 04 주민등록증 · 141

Chapter 05 주민등록표의 열람 또는
등·초본의 교부 · 143

PART 08 가족관계의 등록 등에 관한 법률

Chapter 01 가족관계등록부 · 148

Chapter 02 신고 · 152

Chapter 03 등록부의 정정 · 156

Chapter 04 불복절차 · 158

Chapter 01 행정절차법 일반론
Chapter 02 처분
Chapter 03 신고, 확약 및 위반사실 등의 공표 등
Chapter 04 예고
Chapter 05 행정지도

PART

01

행정절차법

Chapter 01 행정절차법 일반론

01 절차상 하자의 효과

> [제4회]
>
> 영업정지처분에서 요구되는 행정절차를 거치지 않고 이 사건 처분을 한 경우, 이 사건 처분이 유효한지 검토하시오. (10점)
>
> 영업정지처분에서 요구되는 행정절차를 이 사건 처분을 한 뒤에 비로소 거친 경우라면, 이 사건 처분이 유효한지 검토하시오. (10점)
>
> [제6회]
>
> 법원이 이유제시의 하자가 있음을 이유로 부담금 부과처분을 취소할 수 있는지 설명하시오. (20점)
>
> 취소소송의 계속 중에 이유를 구체적으로 제시하였다면, 이유제시의 하자가 치유되는지 설명하시오. (20점)
>
> [제9회]
>
> 관련법령의 징계절차상 처분사유설명서를 교부하지 않은 파면처분은 취소되어야 하는지를 검토하시오. (30점)
>
> [제10회]
>
> 청문통지서가 청문일 5일 전에 도달하였지만 출석하여 자신의 의견을 충분히 진술하였을 때, 폐쇄명령의 위법 여부를 설명하시오. (20점)

1. 절차상 하자의 독자적 위법성 인정 여부

「행정절차법」에는 절차상 하자의 효력에 관한 명문 규정이 존재하지 않는다. 다만, 「헌법」 제12조 적법절차원리가 일반조항으로서 행정절차에 유추적용 된다는 점을 볼 때, 절차상의 하자도 기본권 침해에 해당하므로 독자적 위법성을 인정하는 것이 타당하다.

2. 위법성의 정도

중대·명백설에 따라 절차상의 하자는 취소에 해당한다.

3. 치유

(1) 치유가능성

치유는 원칙적으로 부정되지만, ① 국민의 권익침해가 없고 ② 쟁송제기 이전까지 ③ 행정청의 치유행위가 있다면 그 한도 내에서 제한적으로 치유를 인정한다.

(2) 치유의 효과

위법은 소급적으로 제거되므로 행정행위는 처음부터 적법한 것으로 본다.

> **판례**
>
> **하자의 치유를 예외적으로 인정하는 경우**
>
> 1. **과세예고통지서에 납세고지서의 필요적 기재사항을 기재한 경우(99두8039)**
>   과세관청이 과세처분에 앞서 납세의무자에게 보낸 과세예고통지서 등에 납세고지서의 필요적 기재사항이 제대로 기재되어 있어 납세의무자가 그 처분에 대한 불복 여부의 결정 및 불복신청에 전혀 지장을 받지 않았음이 명백하다면, 이로써 납세고지서의 하자가 보완되거나 치유될 수 있다.
>
> 2. **청문서 도달기간을 위반한 처분(92누2844)**
>   행정청이 청문서 도달기간을 다소 어겼다 하더라도 상대방이 이에 대하여 이의하지 아니한 채 스스로 청문일에 출석하여 그 의견을 진술하고 변명하는 등 방어의 기회를 충분히 가졌다면 청문서 도달기간을 준수하지 아니한 하자는 치유되었다고 봄이 상당하다.
>
> 3. **징계처분에 대한 재심절차에서 절차를 준수한 경우(98두4672)**
>   징계처분에 대한 재심절차는 원래의 징계절차와 함께 전부가 하나의 징계처분 절차를 이루는 것으로서 그 절차의 정당성도 징계 과정 전부에 관하여 판단되어야 할 것이므로, 원래의 징계 과정에 절차 위반의 하자가 있더라도 재심 과정에서 보완되었다면 그 절차 위반의 하자는 치유된다.

02 적용 범위

> **제9회**
> 사전통지나 의견청취 절차를 거치지 않은 직위해제처분이 「행정절차법」 위반에 해당하는지를 검토하시오.
> (10점)

1. 원칙(제3조 제1항)
「행정절차법」은 행정절차에 관한 일반법이다.

2. 적용배제사항(제3조 제2항)

(1) 「헌법」상 독립기관 등의 판단을 거친 사항

① 국회 또는 지방의회의 의결, ② 법원 또는 군사법원의 재판, ③ 헌법재판소의 심판, ④ 선거관리위원회의 의결, ⑤ 감사원의 결정에 의한 사항

(2) 법적 성질이 달라 특별한 절차가 필요한 사항

① 형사 관계 법령에 따라 행하는 사항, ② 심사청구, 행정심판 등 불복절차에 따른 사항

(3) 국가의 중대한 이익

국가의 중대한 이익을 현저히 해칠 우려가 있는 사항

(4) 성질상 곤란하거나 준하는 절차를 거친 사항

「병역법」에 따른 징집·소집, 외국인의 출입국·난민인정·귀화, 공무원 인사 관계 법령에 따른 징계와 그 밖의 처분 등 해당 행정작용의 성질상 행정절차를 거치기 곤란하거나 거칠 필요가 없다고 인정되는 사항과 행정절차에 준하는 절차를 거친 사항

> 판례

1. 임원취임승인취소처분(2001두7138)
(1) 「행정절차법」 제3조 제1항은 다른 법률이 행정절차에 관한 특별한 규정을 적극적으로 두고 있는 경우이거나 다른 법률이 명시적으로 「행정절차법」의 규정을 적용하지 아니한다고 소극적으로 규정하고 있는 경우에는 「행정절차법」의 적용을 배제하고 다른 법률의 규정을 적용한다는 의미이다.
(2) 시정 요구는 임원취임승인취소처분의 사전통지와 아울러 의견진술의 기회를 준 것에 해당한다.
(3) 처분서에 「사립학교법」 제20조의2의 규정을 적시하는 것만으로도 '시정 요구의 불응' 사실을 알 수 있을 뿐만 아니라 처분서에 임원취임승인취소사유가 구체적으로 적시되어 있었다면 임원취임승인취소처분의 처분사유가 충분히 특정되었다고 봄이 상당하다.

2. 보조금 반환명령과 평가인증취소처분(2014두1260)
(1) 보건복지부장관이 작성한 <보육사업안내>에 평가인증취소의 절차에 관한 사항을 일부 정하고 있다 하더라도 이러한 사정만으로 「행정절차법」 제3조 제1항이 정한 '다른 법률에 특별한 규정이 있는 경우'에 해당하여 「행정절차법」 적용이 배제되는 것은 아니다.
(2) 평가인증취소처분과 보조금 반환명령은 전혀 별개의 절차이다.
(3) 따라서 보조금 반환명령 당시 사전통지 및 의견제출의 기회가 부여되었다 하더라도 그 사정만으로 사전통지 및 의견제출을 하지 아니한 평가인증취소처분은 위법하다.

3. 진급낙천처분(2006두20631)
(1) 공무원 인사관계 법령에 의한 처분에 관한 사항 전부에 대하여 「행정절차법」의 적용이 배제되는 것이 아니라 성질상 행정절차를 거치기 곤란하거나 불필요하다고 인정되는 처분이나 행정절차에 준하는 절차를 거치도록 하고 있는 처분의 경우에만 「행정절차법」의 적용이 배제된다.
(2) 수사과정 및 징계과정에서 자신의 비위행위에 대한 해명 기회를 가졌다는 사정만으로 사전통지를 하지 않거나 의견제출의 기회를 주지 아니하여도 되는 예외적인 경우에 해당한다고 할 수 없다.

4. 사관학교 생도에 대한 퇴교처분(2016두33339)
(1) 대리인은 당사자등을 위하여 행정절차에 관한 모든 행위를 할 수 있다.
(2) 육군3사관학교 생도에 대한 퇴학처분에는 「행정절차법」이 적용되어야 한다.
  ① 공무원 인사관계 법령에 의한 처분에 해당하나, 성질상 행정절차를 거치기 곤란하거나 불필요한 경우가 아니며, 행정절차에 준하는 절차를 거친 경우도 아니다.
  ② 시행령은 학교·연수원 등에서 교육·훈련의 목적을 달성하기 위하여 학생·연수생들을 대상으로 하는 사항을 「행정절차법」의 적용이 제외되는 경우로 규정하고 있으나, 퇴학처분과 같이 신분을 박탈하는 징계처분은 여기에 해당한다고 볼 수 없다.
(3) 변호인에게 의견제출 기회를 주지 않은 것은 절차상 하자에 해당한다.
다만 징계심의대상자의 대리인이 관련된 행정절차에서 이미 실질적인 의견진술 절차를 거쳤다고 볼 수 있는 특별한 사정이 있는 경우에는 의견제출 절차의 본질적인 취지에 비추어 볼 때, 절차상 하자 여부는 해당 처분에 이르기까지의 전체적인 과정 등을 종합적으로 고려하여 판단하여야 한다. 따라서 징계처분은 적법하다.

5. 사증발급거부처분(2017두38874)

(1) 행정작용의 성질상 행정절차를 거치기 곤란하거나 거칠 필요가 없다고 인정되는 사항이나 행정절차에 준하는 절차를 거친 사항이 아니라면, '외국인의 출입국에 관한 사항'이라고 하여 행정절차를 거칠 필요가 당연히 부정되는 것은 아니다.
(2) 외국인의 사증발급 신청에 대한 거부처분은 당사자에게 의무를 부과하거나 적극적으로 권익을 제한하는 처분이 아니므로, '처분의 사전통지'와 '의견제출 기회 부여'의 대상은 아니다.
(3) 행정청이 처분을 할 때에는 다른 법령 등에 특별한 규정이 있는 경우를 제외하고는 문서로 하여야 하며, 이는 처분내용의 명확성을 확보하고 처분의 존부에 관한 다툼을 방지하여 처분상대방의 권익을 보호하기 위한 것이므로, 이를 위반한 처분은 하자가 중대·명백하여 무효이다.

6. 공정거래위원회 시정조치 및 과징금납부명령(2000두10212)

(1) 공정거래위원회의 의결·결정을 거쳐 행하는 사항에는 「행정절차법」 적용이 제외된다.
(2) 시정조치 및 과징금납부명령에 「행정절차법」상 의견청취 절차 생략사유가 존재한다고 하더라도, 공정거래위원회는 「행정절차법」을 적용하여 의견청취 절차를 생략할 수는 없다.
(3) 이의신청을 하면서 의견을 제출하였더라도, 이로써 절차상 하자가 치유된다고 볼 수도 없다.

7. 법무사자격불인정처분취소(2014두41343)

법무사자격 인정신청을 하였으나 자격이 인정되지 않는다는 이유로 법무사자격 불인정처분을 받은 사안에서, 법무사자격 인정제도는 「행정절차법」 시행령에서 정한 '사람의 학식·기능에 관한 시험·검정의 결과에 따라 행하는 사항'에 해당하므로 위 처분에는 「행정절차법」이 적용되지 않는다.

8. 직위해제처분(2012두26180) / 보직해임처분(2012두5756)

(1) 일시적인 인사조치로서 당해 공무원에게 직무에 종사하지 못하도록 하는 잠정적이고 가처분적인 성격을 가진 조치이다.
(2) 처분권자는 처분사유 설명서를 교부하도록 하고 있고, 처분사유 설명서를 받은 공무원은 소청심사청구를 할 수 있도록 함으로써 이를 통하여 충분한 의견진술 및 자료제출의 기회를 보장하고 있다.
(3) 따라서 행정작용의 성질상 행정절차를 거치기 곤란하거나 불필요하다고 인정되는 사항 또는 행정절차에 준하는 절차를 거친 사항에 해당하므로, 처분의 사전통지 및 의견청취 등에 관한 「행정절차법」의 규정이 별도로 적용되지 아니한다.

03 신뢰보호 원칙

> **제8회**
> 신뢰보호 원칙의 요건에 비추어 거부처분의 타당성을 검토하시오. (20점)

1. 의의

행정청은 법령등의 해석 또는 행정청의 관행이 일반적으로 국민들에게 받아들여졌을 때에는 공익 또는 제3자의 정당한 이익을 현저히 해할 우려가 있는 경우를 제외하고는 새로운 해석 또는 관행에 따라 소급하여 불리하게 처리하여서는 아니 된다.

2. 요건

(1) 행정청이 개인에 대하여 신뢰의 대상이 되는 공적인 견해표명(선행 행위)

(2) 행정청의 견해표명에 대한 귀책사유가 없는 개인의 신뢰(보호가치 있는 신뢰)

(3) 신뢰와 인과관계가 있는 개인의 행위

(4) 선행 행위에 반하는 후행 처분으로 개인의 이익이 침해되는 결과가 초래

(5) 공익 또는 제3자의 정당한 이익을 현저히 해할 우려가 있는 경우가 아니어야 한다.

3. 위반 효과

신뢰보호 원칙을 위반한 행위는 위법하다.

> **판례**
>
> **1. 행정계획(2018두34732)**
> 신뢰보호의 원칙은 행정청이 공적인 견해를 표명할 당시의 사정이 그대로 유지됨을 전제로 적용되는 것이 원칙이므로, 사후에 그와 같은 사정이 변경된 경우에는 그 공적 견해가 더 이상 개인에게 신뢰의 대상이 된다고 보기 어려운 만큼, 특별한 사정이 없는 한 행정청이 그 견해표명에 반하는 처분을 하더라도 신뢰보호의 원칙에 위반된다고 할 수 없다.
>
> **2. 입법예고(2017다249769)**
> 입법예고를 통해 법령안의 내용을 국민에게 예고한 적이 있다고 하더라도 그것이 법령으로 확정되지 아니한 이상 국가가 이해관계자들에게 위 법령안에 관련된 사항을 약속하였다고 볼 수 없으며, 이러한 사정만으로 어떠한 신뢰를 부여하였다고 볼 수도 없다.

04 행정청의 관할 및 협조

1. 관할
(1) 관할이 아닌 사안은 관할 행정청에 이송하고 신청인에게 통지하여야 한다.
(2) 관할이 분명하지 아니한 경우 상급 행정청이 그 관할을 결정한다.

2. 행정청 간의 협조
(1) 행정청은 행정의 원활한 수행을 위하여 서로 협조하여야 한다.
(2) 행정청은 행정협업의 방식으로 적극적으로 협조하여야 한다.

3. 행정응원
(1) **행정응원 요청사유**
　① 법령등의 이유로 독자적인 직무 수행이 어려운 경우
　② 사실상의 이유로 독자적인 직무 수행이 어려운 경우
　③ 다른 행정청에 소속되어 있는 전문기관의 협조가 필요한 경우
　④ 다른 행정청이 관리하고 있는 행정자료가 필요한 경우
　⑤ 보다 능률적이고 경제적인 경우

(2) **행정응원 거부사유**
　① 다른 행정청이 보다 능률적이거나 경제적으로 응원할 수 있는 명백한 이유가 있는 경우
　② 고유의 직무 수행이 현저히 지장 받을 것으로 인정되는 명백한 이유가 있는 경우

05 당사자등

> [제12회]
>
> 영업자지위승계신고의 법적 성질과 그 수리처분에 있어서 양도인이 '당사자등'이 되는지 검토하시오.
> (20점)

1. 개념
행정청의 처분에 대하여 직접 그 상대가 되는 당사자와 행정청이 직권으로 또는 신청에 따라 행정절차에 참여하게 한 이해관계인을 의미한다.

2. 자격

(1) 자연인

(2) 법인, 법인이 아닌 사단 또는 재단

(3) 다른 법령등에 따라 권리·의무의 주체가 될 수 있는 자

3. 지위의 승계

(1) 당사자등이 사망하였을 때의 상속인과 다른 법령등에 따라 당사자등의 권리 또는 이익을 승계한 자는 당사자등의 지위를 승계한다.

(2) 법인등이 합병하였을 때에는 합병 후 존속하는 법인등 또는 새로 설립된 법인등이 당사자등의 지위를 승계한다.

(3) 처분에 관한 권리 또는 이익을 사실상 양수한 자는 행정청의 승인을 받아 당사자등의 지위를 승계할 수 있다.

> 판례 ◆
>
> **1. 영업자지위승계수리처분(2001두7015)**
> (1) 압류재산 매각 절차에 따라 그 영업자의 지위를 승계한 자가 관계 행정청에 이를 신고하여 행정청이 이를 수리하는 경우에는 종전의 영업자에 대한 영업허가 등은 그 효력을 잃는다.
> (2) 영업자지위승계신고를 수리하는 처분은 종전의 영업자의 권익을 제한하는 처분이며, 종전의 영업자는 그 처분에 대하여 직접 그 상대가 되는 자(당사자)에 해당한다.
> (3) 행정청으로서는 신고를 수리하는 처분을 함에 있어서 당사자에 해당하는 종전의 영업자에 대하여 불이익한 처분 시 요구되는 행정절차를 실시하여야 한다.
>
> **2. 도로구역 결정·변경고시(2007두1767)**
> '고시'의 방법으로 불특정 다수인을 상대로 의무를 부과하거나 권익을 제한하는 처분은 성질상 의견제출의 기회를 주어야 하는 상대방을 특정할 수 없으므로, 이와 같은 처분에 있어서까지 그 상대방에게 의견제출의 기회를 주어야 한다고 해석할 것은 아니다. 따라서 도로구역을 변경하는 처분은 사전통지나 의견청취의 대상이 되는 처분이 아니다.
>
> **3. 국가를 상대로 하는 불이익한 처분(2023두39724)**
> 「행정절차법」 제2조 제4호에 의하면, 국가를 '당사자등'에서 제외하지 않고 있다. 또한 「행정절차법」 제3조 제2항에서 「행정절차법」이 적용되지 않는 사항을 열거하고 있는데, '국가를 상대로 하는 행정행위'는 그 예외사유에 해당하지 않는다. 따라서 국가에 대해 행정처분을 할 때에도 사전통지, 의견청취, 이유제시와 관련한 「행정절차법」이 그대로 적용된다고 보아야 한다.

06 대표자 및 대리인

1. 선정·변경·해임

당사자등은 대표자·대리인을 선임하거나 변경·해임할 수 있으며, 이 경우 지체 없이 그 사실을 행정청에 통지하여야 한다.

2. 권한

당사자등을 위하여 행정절차에 관한 모든 행위를 할 수 있다. 다만, 행정절차를 끝맺는 행위에 대하여는 당사자등의 동의를 받아야 한다.

07 송달

1. 송달의 방법

(1) **원칙**

우편, 교부 또는 정보통신망 이용 등의 방법으로 한다.

(2) **우편**

송달받을 자의 주소등으로 송달한다.

(3) **교부**

송달받을 자가 동의하는 경우에는 그를 만나는 장소에서 수령확인서를 받고 문서를 교부한다. 이 경우 사리를 분별할 지능이 있는 사무원등에게 문서를 교부할 수 있다. 다만, 정당한 사유 없이 송달받기를 거부하는 때에는 그 사실을 수령확인서에 적고, 문서를 송달할 장소에 놓아둘 수 있다.

(4) **정보통신망**

정보통신망을 이용한 송달은 송달받을 자가 동의하는 경우에만 한다. 이 경우 송달받을 자는 송달받을 전자우편주소 등을 지정하여야 한다.

(5) **공고**

송달받을 자의 주소등을 통상적인 방법으로 확인할 수 없는 경우 또는 송달이 불가능한 경우 등에는 관보 등에 공고하고 인터넷에도 공고하여야 한다. 이 경우 송달받을 자의 개인정보를 「개인정보 보호법」에 따라 보호하여야 한다.

2. 송달의 효력발생

(1) 원칙

해당 문서가 송달받을 자에게 도달됨으로써 그 효력이 발생한다. 정보통신망을 이용하여 송달하는 경우에는 송달받을 자가 지정한 컴퓨터 등에 입력된 때에 도달된 것으로 본다.

(2) 공고

공고에 의하여 송달하는 경우에는 다른 법령등에 특별한 규정이 있는 경우를 제외하고는 공고일로부터 14일이 지난 때에 그 효력이 발생한다.

> **판례**
>
> **1. 도달의 의미(89누4963)**
>
> 행정처분의 효력발생요건으로서의 도달이란 상대방이 그 내용을 현실적으로 양지할 필요까지는 없고, 다만 양지할 수 있는 상태에 놓여짐으로써 충분하다.
>
> **2. 청소년유해매체물결정및고시처분무효확인(2004두619)**
>
> 통상 고시 또는 공고에 의하여 행정처분을 하는 경우에는 그 처분의 상대방이 불특정 다수인이고 그 처분의 효력이 불특정 다수인에게 일률적으로 적용되는 것이므로, 그 행정처분에 이해관계를 갖는 자가 고시 또는 공고가 있었다는 사실을 현실적으로 알았는지 여부에 관계없이 고시가 효력을 발생하는 날 행정처분이 있음을 알았다고 보아야 한다.
>
> **3. 외국사업자에 대한 송달(2004두11275)**
>
> 「행정절차법」은 외국에 거주 또는 체류하는 자에 대한 기간 및 기한은 행정청이 그 우편이나 통신에 소요되는 일수를 감안하여 정하여야 한다고 규정하고 있는 점 등에 비추어 보면, 공정거래위원회는 국내에 주소·거소·영업소 또는 사무소가 없는 외국사업자에 대하여도 우편송달의 방법으로 문서를 송달할 수 있다. 그럼에도 불구하고, 국내에 주소 등이 없는 외국사업자에 대하여는 '송달이 불가능한 경우'에 해당하므로 공시송달의 방법을 취할 수밖에 없다고 한 것은 잘못이다.

Chapter 02 처분

01 불이익한 처분절차

> [제2회]
> 철거명령처분이 갖추어야 할 절차적 요건에 대하여 논하시오. (40점)
>
> [제4회]
> 영업정지처분을 함에 있어서 어떠한 행정절차를 거쳐야 하는지 설명하시오. (20점)
>
> [제13회]
> 납입고지를 할 때 어떤 절차를 밟아야 하는지 검토하시오. (20점)

행정청이 공표한 처분기준에 따라 불이익한 처분을 하는 경우에는 사전에 통지하여 청문·공청회·의견제출 등의 의견청취 절차를 거친 후, 문서로 처분과 그 이유를 제시하고 구제방법 등을 고지하여야 한다. 이는 처분 당사자등의 절차적 권리이며, 당사자의 개인적 공권으로 보호되어야 한다.

02 거부처분 절차

행정청이 신청을 거부하기 위해서는 사전에 정하여진 기준에 따라 처리 기간 내에 처리결과를 문서로 통지하여야 한다. 문서에는 향후 불복 수단을 선택할 수 있도록 구체적인 거부 사유와 가능한 불복 수단을 고지한다. 다만 거부처분은 불이익한 처분이 아니므로 사전통지와 의견제출 절차를 거칠 필요는 없다.

03 처분기준 설정·공표

1. 원칙
행정청은 처분기준을 해당 처분의 성질에 비추어 구체적으로 공표하여야 한다.

2. 인허가의제
관련 인허가 행정청은 관련 인허가의 처분기준을 주된 인허가 행정청에 제출하여야 하고, 주된 인허가 행정청은 제출받은 관련 인허가의 처분기준을 통합하여 공표하여야 한다.

3. 예외
처분의 성질상 현저히 곤란하거나 공공의 안전 또는 복리를 현저히 해치는 것으로 인정될 만한 상당한 이유가 있는 경우에는 처분기준을 공표하지 아니할 수 있다.

4. 처분기준과 다른 처분의 효력

(1) 처분기준이 법령에 규정되어 있는 경우
처분기준을 위반한 행정청의 처분은 위법한 처분이다. 다만 판례는 시행규칙으로 규정한 처분기준의 경우 행정규칙으로 본다.

(2) 처분기준이 행정규칙으로 규정된 경우
행정규칙은 대외적 구속력이 없으므로 행정청의 처분이 처분기준을 위반하여도 그 자체로는 위법한 처분이 아니다. 다만, 그 처분이 행정법 일반원칙을 침해하는 경우에는 처분의 위법성을 주장할 수 있다.

5. 공표의무 위반
처분기준 사전공표 의무를 위반하여 미리 공표하지 아니한 기준을 적용하여 처분을 하였다고 하더라도, 그러한 사정만으로 해당 처분이 위법한 것은 아니다.

> 판례

1. 처분기준의 성질(2007두6946)

제재적 행정처분의 기준이 부령의 형식으로 규정되어 있더라도 그것은 행정청 내부의 사무처리준칙을 정한 것에 지나지 아니하여 대외적으로 국민이나 법원을 기속하는 효력이 없고, 당해 처분의 적법 여부는 위 처분기준만이 아니라 관계 법령의 규정 내용과 취지에 따라 판단되어야 하므로, 위 처분기준에 적합하다 하여 곧바로 당해 처분이 적법한 것이라고 할 수는 없다.

2. 처분기준 사전공표 의무 위반(2018두45633)

(1) 행정청이 공표한 처분기준은 원칙적으로 대외적 구속력이 없는 행정규칙에 해당한다.
(2) 처분이 적법한지는 행정규칙에 적합한지 여부가 아니라 상위법령의 규정과 입법 목적 등에 적합한지 여부에 따라 판단해야 한다. 처분이 행정규칙을 위반하였다고 하여 그러한 사정만으로 곧바로 위법하게 되는 것은 아니고, 처분이 행정규칙을 따른 것이라고 하여 적법성이 보장되는 것도 아니다. 행정청이 미리 공표한 기준, 즉 행정규칙을 따랐는지 여부가 처분의 적법성을 판단하는 결정적인 지표가 되지 못하는 것과 마찬가지로, 행정청이 미리 공표하지 않은 기준을 적용하였는지 여부도 처분의 적법성을 판단하는 결정적인 지표가 될 수 없다.
(3) 따라서 처분기준 사전공표 의무를 위반하여 미리 공표하지 아니한 기준을 적용하여 처분을 하였다고 하더라도, 그러한 사정만으로 곧바로 해당 처분에 취소사유에 이를 정도의 흠이 존재한다고 볼 수는 없다.

04 사전 통지

> [제5회]
> 재단법인 설립불허가처분을 하기에 앞서 「행정절차법」상 사전통지절차를 거쳐야 하는지를 검토하시오.
> (20점)
>
> [제8회]
> 사전통지를 하지 않은 불허가 처분의 타당성을 검토하시오. (20점)
>
> [제11회]
> 현장조사 당시 법률위반사실을 인정하였고 그 위반경위를 진술한 사실이 처분의 사전통지의 예외 사유에 해당하는지를 검토하시오. (20점)
>
> [제12회]
> 영업자지위승계신고의 불수리처분에 앞서 처분의 사전 통지 및 처분의 이유 제시의 절차를 거쳐야 하는지 검토하시오. (20점)
>
> [제13회]
> 전자문서로 통지한 경우 통지의 방식에 하자가 있는지와 공단이 수리거부처분을 할 때 사전통지를 하여야 하는지 검토하시오. (20점)

1. 대상

당사자에게 불이익한 처분을 하는 경우에는 미리 해당 사항을 당사자등에게 통지하여야 한다.

2. 생략사유

(1) 공공의 안전 또는 복리를 위하여 긴급히 처분을 할 필요가 있는 경우

(2) 객관적으로 증명이 되면 반드시 일정한 처분을 하여야 하는 경우

(3) 해당 처분의 성질상 의견청취가 현저히 곤란하거나 명백히 불필요한 경우

3. 기간

(1) 청문
청문이 시작되는 날부터 10일 전까지는 당사자등에게 통지하여야 한다.

(2) 의견제출
의견제출에 필요한 기간을 10일 이상으로 고려하여 정하여야 한다.

4. 거부처분

신청에 따른 처분이 이루어지지 않은 경우에는 아직 당사자에게 권익이 부과되지 아니하였으므로 특별한 사정이 없는 한 신청에 대한 거부처분이라고 하더라도 직접 당사자의 권익을 제한하는 것은 아니다. 따라서 신청에 대한 거부처분은 처분의 사전통지대상이 된다고 할 수 없다.

> **판례**
>
> **1. 객관적으로 증명이 되면 반드시 일정한 처분을 하여야 하는 경우(2017두66602)**
> (1) 처분의 전제가 되는 '일부' 사실만 증명된 경우이거나 의견청취에 따라 행정청의 처분 여부나 처분 수위가 달라질 수 있는 경우라면 위 예외사유에 해당하지 않는다.
> (2) 1차, 2차 조치명령을 받았고, 형사재판절차에서 위 각 조치명령 불이행의 범죄사실에 관하여 유죄판결이 확정되었다고 하더라도, 유죄판결 확정 이후부터 3차 조치명령 당시까지 시간적 간격이 있으므로 사정변경의 여지가 있다.
> (3) 폐기물 처리 조치명령은 재량행위에 해당하므로, 3차 조치명령은 의견청취가 행정청의 처분 여부나 그 수위 결정에 영향을 미치는 경우에 해당한다.
>
> **2. 처분의 성질상 현저히 곤란하거나 명백히 불필요하다고 인정될 만한 상당한 이유가 있는 경우란 해당 행정처분의 성질에 비추어 판단하여야 하는 것이지, […]으로 판단할 것이 아니다.**
> (1) 처분상대방이 이미 행정청에 위반사실을 시인하였다거나 처분의 사전통지 이전에 의견을 진술할 기회가 있었다는 사정(2016두41811)
> (2) 행정지도방식에 의한 사전고지나 그에 따른 당사자의 자진 폐공의 약속 등의 사유(99두5870)
> (3) 별도의 징계절차에서 자신의 비위행위에 대한 해명기회를 가졌다는 사정(2014두40258)
> (4) 시보임용처분의 무효로 인하여 시보공무원으로서의 경력을 갖추지 못하였다는 이유(2008두16155)
> (5) 공사중지명령에 대한 사전통지를 하고 의견제출의 기회를 준다면 많은 액수의 손실보상금을 기대하여 공사를 강행할 우려가 있다는 사정(2004두1254)
>
> **3. 퇴직연금의 환수결정은 성질상 현저히 곤란하거나 명백히 불필요한 경우에 해당(99두5443)**
> 퇴직연금의 환수결정은 당사자에게 의무를 과하는 처분이기는 하나, 관련 법령에 따라 당연히 환수금액이 정하여지는 것이므로, 퇴직연금의 환수결정에 앞서 당사자에게 의견진술의 기회를 주지 아니하여도 「행정절차법」 제22조 제3항이나 신의칙에 어긋나지 아니한다.

05 의견청취

> **제1회**
> 공청회에 관하여 설명하시오. (40점)
>
> **제7회**
> 청문통지서가 주소 불명으로 반송되었고, 청문기일에 불출석하였다는 이유로 청문을 생략한 영업허가 취소처분의 위법 여부를 설명하시오. (40점)
>
> **제11회**
> 현장조사 당시 위반경위를 진술한 사실이 의견제출에 해당하는지와 의견제출이 아니라면 의견제출의 예외 사유에 해당하는지를 검토하시오. (20점)

1. 청문

(1) **의의**

행정청이 처분에 앞서 당사자등의 의견을 직접 듣고 증거를 조사하는 절차이다.

(2) **대상**

① 다른 법령등에서 청문을 실시하도록 규정하고 있는 경우
② 행정청이 필요하다고 인정하는 경우
③ 인허가 등의 취소, 신분·자격의 박탈, 법인이나 조합 등의 설립허가의 취소의 처분을 하는 경우

2. 공청회

(1) **의의**

행정청이 공개적인 토론을 통하여 어떠한 행정작용에 대하여 의견을 널리 수렴하는 절차이다.

(2) **대상**

① 다른 법령등에서 공청회를 개최하도록 규정하고 있는 경우
② 처분의 영향이 광범위하여 널리 의견을 수렴할 필요가 있다고 행정청이 인정하는 경우
③ 국민생활에 큰 영향을 미치는 처분으로써 30명 이상의 당사자등이 공청회 개최를 요구하는 경우

3. 의견제출

(1) 의의
행정청이 어떠한 행정작용을 하기에 앞서 당사자등이 의견을 제시하는 절차로서 청문이나 공청회에 해당하지 아니하는 절차를 말한다.

(2) 대상
「행정절차법」은 불이익한 처분에 있어 청문 또는 공청회를 거치지 않은 경우 의견제출 절차를 의무적으로 거치도록 규정하고 있다.

4. 생략사유
(1) 공공의 안전 또는 복리를 위하여 긴급히 처분을 할 필요가 있는 경우

(2) 객관적으로 증명이 되면 반드시 일정한 처분을 하여야 하는 경우

(3) 해당 처분의 성질상 의견청취가 현저히 곤란한 경우

(4) 당사자가 의견진술의 기회를 포기한다는 뜻을 의견제출 기간 내에 명백히 표시한 경우

> **판례**
>
> **1. 청문의 취지와 청문절차를 결여한 처분의 효력(2002두8350)**
> 청문제도는 행정처분의 사유에 대하여 당사자에게 변명과 유리한 자료를 제출할 기회를 부여함으로써 위법사유의 시정가능성을 고려하고 처분의 신중과 적정을 기하려는 데 그 취지가 있다.
>
> **2. 청문실시 배제협약을 두었다는 이유로 청문을 생략한 처분(2002두8350)**
> 「행정절차법」의 목적 및 청문제도의 취지 등에 비추어 볼 때, 이러한 협약이 체결되었다고 하여 청문의 실시에 관한 규정의 적용이 배제된다거나 청문을 실시하지 않아도 되는 예외적인 경우에 해당한다고 할 수 없다.
>
> **3. 청문통지서의 반송 또는 청문일시에 불출석을 이유로 청문을 생략한 처분(2000두3337)**
> '의견청취가 현저히 곤란하거나 명백히 불필요하다고 인정될 만한 상당한 이유가 있는지 여부'는 당해 행정처분의 성질에 비추어 판단하여야 하는 것이지, 청문통지서의 반송 여부, 청문통지의 방법 등에 의하여 판단할 것은 아니므로, 행정처분의 상대방에 대한 청문통지서가 반송되었다거나, 행정처분의 상대방이 청문일시에 불출석하였다는 이유로 청문을 실시하지 아니하고 한 침해적 행정처분은 위법하다.
>
> **4. 훈령에서 규정한 청문을 실시하지 않은 불이익한 처분(94누3414)**
> 훈령은 행정 내부적 지침에 해당한다. 따라서 훈령상 청문의 실시를 규정한 경우 청문을 실시하지 않은 처분은 적법한 처분이다. 다만 불이익한 처분에 해당하므로 처분시 당사자에게 의견제출 절차를 의무적으로 부여하여야 한다.

5. 개인택시운송사업면허취소처분(2016두63224)

(1) 피고는 당시 원고에게 관련 법규와 행정처분 절차에 대하여 설명을 한 후 청문절차를 진행하고자 하였으나, 원고는 자동차운전면허 취소와 관련하여 경찰청을 상대로 구제절차를 진행할 터이니 처분을 좀 연기하여 달라는 내용의 '청문서'라는 제목의 서류를 작성하여 피고에게 제출한 바 있다.
(2) 원고가 이 사건 처분 전에 피고의 사무실에 방문하여 피고 소속 공무원에게 '처분을 좀 연기해 달라'는 내용의 서류를 제출한 것을 들어, 청문을 실시한 것으로 볼 수는 없다.
(3) 담당공무원이 청문절차를 진행하고자 하였음에도 원고가 이에 응하지 않았다는 사정만으로 '처분의 성질상 의견청취가 현저히 곤란하거나 명백히 불필요하다고 인정될 만한 상당한 이유가 있는 경우' 또는 '당사자가 의견진술의 기회를 포기한다는 뜻을 명백히 표시한 경우'에 해당한다고 볼 수도 없다.

06 의견제출 절차(방법 및 관리)

1. 방법

당사자등은 서면이나 말 또는 정보통신망을 이용하여 의견제출을 할 수 있다.

2. 의견제출을 하지 아니한 경우

당사자등이 정당한 이유 없이 의견제출기한까지 의견제출을 하지 아니한 경우에는 의견이 없는 것으로 본다.

3. 의견제출을 한 경우

(1) 행정청은 처분을 할 때에 당사자등이 제출한 의견이 상당한 이유가 있다고 인정하는 경우에는 이를 반영하여야 한다.
(2) 행정청은 당사자등이 제출한 의견을 반영하지 아니하고 처분을 한 경우 당사자등이 처분이 있음을 안 날부터 90일 이내에 그 이유의 설명을 요청하면 서면으로 그 이유를 알려야 한다.

4. 문서의 열람·복사

당사자등은 처분의 사전통지가 있는 날부터 의견제출 기한까지 문서의 열람 또는 복사를 요청할 수 있다. 행정청이 다른 법령에 따라 그 요청을 거부하는 경우에는 이유를 소명하여야 한다.

07 청문 주재자

> **제3회**
> 청문 주재자에 관하여 설명하시오. (20점)

1. 자격
행정청은 소속 직원 또는 대통령령으로 정하는 자격을 가진 사람 중에서 청문 주재자를 공정하게 선정하여야 한다.

2. 다수의 주재자 선정

(1) **사유**

행정청은 다수 국민의 이해가 상충되거나 다수 국민에게 불편이나 부담을 주는 처분을 하려는 경우에는 청문 주재자를 2명 이상으로 선정할 수 있다.

(2) **제한**

행정청은 2명 이상의 청문 주재자를 선정하는 경우 전체 청문 주재자의 2분의 1 이상을 대통령령으로 정하는 자격을 가진 사람 중에서 선정해야 한다.

3. 대표 주재자

(1) **선정**

행정청은 2명 이상의 청문 주재자 중에서 대표 주재자 1명을 선정해야 한다.

(2) **역할**

① 대표 주재자는 청문 주재자를 대표하여 청문의 진행과 종결을 하며, 청문조서 및 의견서를 대표로 작성한다.
② 대표 주재자는 청문 주재자 사이에 의견이 일치하지 않는 경우에는 그 내용을 청문 주재자의 의견서에 모두 기록해야 한다.

4. 청문 주재자의 제척·기피·회피

공정한 청문을 위하여 청문 주재자 제척·기피·회피 사유를 명문으로 규정하고 있다.

08 청문 진행 절차

1. 사전통지
행정청은 청문이 시작되는 날부터 10일 전까지 일정 사항을 통지하여야 한다.

2. 진행
(1) 청문 주재자가 청문을 진행하며, 청문 주재자는 직권으로 필요한 조사를 할 수 있다.

(2) 의견서를 제출한 경우에는 출석하여 진술한 것으로 본다.

3. 결과의 반영
청문결과가 상당한 이유가 있는 경우 처분에 반영하여야 한다.

4. 문서의 열람
당사자등은 청문의 통지가 있는 날부터 청문이 끝날 때까지 문서의 열람 또는 복사를 요청할 수 있다. 행정청이 다른 법령에 따라 그 요청을 거부하는 경우에는 이유를 소명하여야 한다.

5. 공개
청문은 비공개를 원칙으로 한다.

6. 종결
(1) 청문 주재자는 조사가 충분히 이루어졌다고 인정하는 경우 또는 정당한 사유 없이 청문기일에 출석하지 아니하거나 의견서를 제출하지 아니한 경우에는 청문을 마칠 수 있다.

(2) 정당한 사유로 청문기일에 출석하지 못하거나 의견서를 제출하지 못한 경우에는 10일 이상의 기간을 정하여 이들에게 의견진술 및 증거제출을 요구하여야 하며, 해당 기간이 지났을 때에 청문을 마칠 수 있다.

7. 재개
행정청은 처분을 할 때까지 새로운 사정이 발견되면 청문의 재개를 명할 수 있다.

09 공청회 진행 절차

> [제1회]
> 공청회에 관하여 설명하시오. (40점)
>
> [제5회]
> 온라인공청회의 의의, 실시요건, 방법 및 절차에 관하여 설명하시오. (20점)

1. 공청회 개최의 알림

행정청은 공청회 개최 14일 전까지 당사자등에게 통지하고 관보 등에 공고하여야 한다.

2. 온라인공청회

(1) **원칙**

행정청은 공청회와 병행하여서만 온라인공청회를 실시할 수 있다.

(2) **온라인공청회 단독 개최**

① 국민의 안전 또는 권익보호 등의 이유로 공청회를 개최하기 어려운 경우
② 공청회가 행정청이 책임질 수 없는 사유로 무산된 횟수가 3회 이상인 경우
③ 행정청이 온라인공청회를 단독으로 개최할 필요가 있다고 인정하는 경우(행정청의 필요로 실시하는 공청회의 경우에만 해당)

(3) **참여**

누구든지 정보통신망을 이용하여 토론에 참여할 수 있다.

3. 공청회 및 온라인공청회 결과의 반영

행정청은 의견이 상당한 이유가 있다고 인정하는 경우에는 이를 반영하여야 한다.

10 처분의 방식

> **제10회**
> 구두로 고지한 시정명령의 위법 여부를 설명하시오. (20점)
>
> **제13회**
> 전자문서로 통지한 경우 통지의 방식에 하자가 있는지와 공단이 수리거부처분을 할 때 사전통지를 하여야 하는지 검토하시오. (20점)

1. 원칙

행정청의 처분은 문서로 하여야 한다.

2. 예외

(1) 전자문서

① 당사자등의 동의가 있는 경우에 해당하는 경우, ② 당사자가 전자문서로 처분을 신청한 경우에는 전자문서로 할 수 있다.

(2) 구술 등

① 긴급히 처분을 할 필요가 있거나, ② 사안이 경미한 경우에는 구술 등의 방법으로 할 수 있다.

3. 실명제

처분 행정청과 담당자의 소속·성명 및 연락처를 적어야 한다.

4. 구술로 고지한 처분의 효력

행정청이 처분을 문서로 하는 취지는 처분 내용의 명확성을 확보하고 처분의 존부에 관한 다툼을 방지하여 처분 상대방의 권익을 보호하기 위한 것이다. 따라서 이를 위반한 처분은 하자가 중대·명백하여 무효이다.

> **판례**
>
> **문서의 문언 해석 기준(2003두469)**
> 처분서의 문언만으로도 행정청이 어떤 처분을 하였는지가 분명한데도 처분 경위나 처분 이후의 상대방의 태도 등 다른 사정을 고려하여 처분서의 문언과는 달리 다른 처분까지 포함되어 있는 것으로 확대해석해서는 안 된다.

11 처분의 고지

행정청이 처분을 할 때에는 당사자에게 그 처분에 관하여 행정심판 및 행정소송을 제기할 수 있는지 여부, 그 밖에 불복을 할 수 있는지 여부, 청구절차 및 청구기간, 그 밖에 필요한 사항을 알려야 한다.

> **판례**
>
> **고지의무 불이행(87누529)**
> 고지절차에 관한 규정은 행정처분의 상대방이 그 처분에 대한 행정심판의 절차를 밟는 데 있어 편의를 제공하려는 데 있으며 처분청이 위 규정에 따른 고지의무를 이행하지 아니하였다고 하더라도 경우에 따라서는 행정심판의 제기기간이 연장될 수 있는 것에 그치고 이로 인하여 심판의 대상이 되는 행정처분에 어떤 하자가 수반된다고 할 수 없다.

12 처분의 이유제시

> **제12회**
>
> 영업자지위승계신고의 불수리처분에 앞서 처분의 사전 통지 및 처분의 이유 제시의 절차를 거쳐야 하는지 검토하시오. (20점)

1. 의의

당사자에게 처분의 근거가 된 법적·사실적 사유를 구체적으로 명시하여야 한다.

2. 취지

행정청의 자의적 결정을 배제하고 당사자로 하여금 행정구제절차에서 적절히 대처할 수 있도록 하는 데 그 취지가 있다.

3. 대상

이유제시는 모든 처분을 대상으로 한다.

4. 생략사유

(1) 신청내용을 모두 그대로 인정하는 처분인 경우

(2) 단순·반복적인 처분 또는 경미한 처분으로서 당사자가 그 이유를 명백히 알 수 있는 경우

(3) 긴급히 처분을 할 필요가 있는 경우

5. 이유제시의 정도

「행정절차법」은 명시적 규정을 두고 있지 않지만, 적어도 처분의 상대방·기타 이해관계인이 이를 기초로 하여 차후 행정구제절차에 대처할 수 있을 정도로 구체적이어야 한다. 따라서 처분의 근거법령, 해당 조항, 법률요건에 해당하는 원인사실이 명시되어야 한다. 또한 재량행위의 경우 재량행사의 전후과정이 제시되어야 한다.

> **판례**
>
> **1. 이유제시의 정도(90누1786)**
> (1) 처분에는 그 근거가 되는 법령등을 명시하여야 함은 물론 처분을 받은 자가 어떠한 위반사실에 대하여 당해 처분이 있었는지를 알 수 있을 정도로 사실을 적시할 것을 요하며, 이와 같은 취소처분의 근거와 위반사실의 적시를 빠뜨린 하자는 피처분자가 처분 당시 그 취지를 알고 있었다거나 그 후 알게 되었다 하여도 치유될 수 없다.
> (2) 일반주류도매업면허취소통지에 "주류도매장은 무면허 주류판매업자에게 주류를 판매하여「주세법」제 11조에 의거 지정조건위반으로 주류판매면허를 취소합니다"라고만 되어 있어서 원고의 영업기간과 거래상대방 등에 비추어 원고가 어떠한 거래행위로 인하여 이 사건 처분을 받았는지 알 수 없게 되어 있다면 이 면허취소처분은 위법하다.
>
> **2. 이유제시의 하자(2001두1543)**
> 납세고지서에 세액산출근거 등의 기재사항이 누락되었거나 과세표준과 세액의 계산명세서가 첨부되지 않았다면 적법한 납세의 고지라고 볼 수 없으며, 위와 같은 납세고지의 하자는 납세의무자가 그 나름대로 산출근거를 알고 있다거나 사실상 이를 알고서 쟁송에 이르렀다 하더라도 치유되지 않는다.
>
> **3. 근거를 알 수 있을 정도로 이유를 제시한 경우(2021두49888)**
> 처분서에 기재된 내용과 관계 법령 및 당해 처분에 이르기까지의 전체적인 과정 등을 종합적으로 고려하여, 처분 당시 당사자가 어떠한 근거와 이유로 처분이 이루어진 것인지를 충분히 알 수 있어서 그에 불복하여 행정구제절차로 나아가는 데에 별다른 지장이 없었던 것으로 인정되는 경우에는 처분서에 처분의 근거와 이유가 구체적으로 명시되어 있지 않았다 하더라도 적법하다.
>
> **4. 거부처분(2000두8912)**
> 일반적으로 당사자가 근거규정 등을 명시하여 신청하는 인·허가 등을 거부하는 처분은 당사자가 그 근거를 알 수 있을 정도로 상당한 이유를 제시한 경우에는 당해 처분의 근거 및 이유를 구체적 조항 및 내용까지 명시하지 않았더라도 절차상 하자가 있다고 볼 수 없다.

5. 정성적 평가의 경우(2016두57564)
교육부장관이 어떤 후보자를 총장으로 임용제청하는 행위 자체는 정성적 평가 결과가 당연히 포함되어 있는 것으로, 이로써 「행정절차법」상 이유제시의무를 다한 것이라고 보아야 한다.

13 처리기간의 설정·공표

1. 원칙
행정청은 신청인의 편의를 위하여 처분의 처리기간을 종류별로 미리 정하여 공표하여야 한다.

2. 처리기간의 연장
행정청은 부득이한 경우에는 해당 처분의 처리기간의 범위에서 한 번만 그 기간을 연장할 수 있다. 이 경우에는 연장 사유와 처리 예정 기한을 지체 없이 신청인에게 통지하여야 한다.

3. 신속처리 요청
행정청이 정당한 처리기간 내에 처리하지 아니하였을 때에는 신청인은 해당 행정청 또는 그 감독 행정청에 신속한 처리를 요청할 수 있다.

4. 처리기간을 경과한 처분의 효력
처리기간을 정하는 것은 신청인의 편의를 위한 것으로, 처리기간에 관한 규정은 훈시규정에 불과할 뿐 강행규정이라고 볼 수 없다. 따라서 행정청이 처리기간이 지나 처분을 하였더라도 절차상 하자로 볼 수는 없다.

Chapter 03 신고, 확약 및 위반사실 등의 공표 등

01 신고

> [제2회]
> 신고의 절차와 효과에 대하여 설명하시오. (20점)
>
> [제12회]
> 영업자지위승계신고의 법적 성질과 그 수리처분에 있어서 양도인이 '당사자등'이 되는지 검토하시오.
> (20점)

1. 신고의 절차

(1) 편람

행정청은 신고에 필요한 사항을 게시하거나 이에 대한 편람을 갖추어 두고 누구나 열람할 수 있도록 하여야 한다.

(2) 신고 의무 이행시기

신고서가 접수기관에 도달된 때에 신고 의무가 이행된 것으로 본다.

(3) 보완요구 및 반려조치

행정청은 하자가 있는 신고서가 제출된 경우에는 지체 없이 상당한 기간을 정하여 신고인에게 보완을 요구하여야 한다. 한편, 행정청은 신고인이 기간 내에 보완을 하지 아니하였을 때에는 그 이유를 구체적으로 밝혀 해당 신고서를 되돌려 보내야 한다.

2. 신고의 효과

「행정절차법」상의 신고는 행정청에 대하여 일정한 사항을 통지함으로써 법적 효과가 발생한다. 따라서 신고에 대한 수리행위나 수리거부행위는 처분이 아니며, 이에 대한 행정쟁송제기가 인정되지 않는다. 따라서 신고가 있으면 형식적 요건에 하자가 없는 한 행정기관은 이를 수리하여야 한다는 것이 판례의 태도이다.

> **판례**
>
> 1. 「행정절차법」상 신고의 성질(98다57419)
>   신고를 하고자 하는 자가 그 신고서를 구비서류까지 첨부하여 제출한 경우 행정관청으로서는 형식적 요건에 하자가 없는 한 수리하여야 할 것이고, 나아가 관할 관청이 법령에 규정되지 아니한 다른 사유를 들어 그 신고를 수리하지 아니하고 반려하였다고 하더라도, 그 신고서가 제출된 때에 신고가 있었다고 볼 것이다.
>
> 2. 주민등록의 신고(2006다17850)
>   주민등록은 단순히 주민의 거주관계를 파악하고 인구의 동태를 명확히 하는 것 외에도 주민등록에 따라 공법관계상의 여러 가지 법률상 효과가 나타나게 되는 것으로서, 주민등록의 신고는 행정청에 도달하기만 하면 신고로서의 효력이 발생하는 것이 아니라 행정청이 수리한 경우에 비로소 신고의 효력이 발생한다.

02 확약

1. 개념

행정청은 당사자의 신청에 따라 장래에 어떤 처분을 하거나 하지 아니할 것을 내용으로 하는 의사표시를 할 수 있다.

2. 방식 및 절차

(1) 확약은 문서로 하여야 한다.

(2) 행정청은 다른 행정청과의 협의 등의 절차를 거쳐야 하는 처분에 대하여 확약을 하려는 경우에는 확약을 하기 전에 그 절차를 거쳐야 한다.

3. 효력

원칙적으로 확약은 행정청을 기속한다. 다만, 행정청은 ① 확약을 한 후에 확약의 내용을 이행할 수 없을 정도로 법령등이나 사정이 변경된 경우와 ② 확약이 위법한 경우에는 확약에 기속되지 아니한다.

4. 통지

확약을 이행할 수 없는 경우에는 지체 없이 당사자에게 그 사실을 통지하여야 한다.

03 위반사실 등의 공표

1. 개념

행정청은 법령에 따른 의무를 위반한 자의 성명·법인명, 위반사실, 처분사실 등을 법률로 정하는 바에 따라 일반에게 공표할 수 있다.

2. 의견제출

(1) 의견제출의 기회를 주어야 한다. 다만, ① 공공의 안전 또는 복리를 위하여 긴급히 공표를 할 필요가 있는 경우, ② 해당 공표의 성질상 의견청취가 현저히 곤란하거나 명백히 불필요하다고 인정될 만한 타당한 이유가 있는 경우, ③ 당사자가 의견진술 기회를 포기한다는 뜻을 명백히 밝힌 경우에는 그러하지 아니하다.

(2) 처분상 의견제출 절차를 준용한다.

3. 절차

(1) 행정청은 당사자의 명예·신용 등이 훼손되지 아니하도록 객관적이고 타당한 증거와 근거가 있는지를 확인하여야 한다.

(2) 행정청은 당사자가 공표와 관련된 의무의 이행 등의 조치를 마친 경우에는 공표를 하지 아니할 수 있다.

4. 정정 공표

행정청은 공표된 내용이 사실과 다른 것으로 밝혀지거나 공표에 포함된 처분이 취소된 경우에는 그 내용을 정정하여, 정정한 내용을 지체 없이 해당 공표와 같은 방법으로 공표된 기간 이상 공표하여야 한다. 다만, 당사자가 원하지 아니하면 공표하지 아니할 수 있다.

04 행정계획

행정청이 수립하는 계획 중 국민의 권리·의무에 직접 영향을 미치는 계획을 수립하거나 변경·폐지할 때에는 관련된 여러 이익을 정당하게 형량하여야 한다.

> **판례**
>
> **행정계획의 개념과 절차(2005두1893)**
> (1) 행정계획은 행정에 관한 전문적·기술적 판단을 기초로 하여 특정한 행정목표를 달성하기 위하여 서로 관련되는 행정수단을 종합·조정함으로써 장래의 일정한 시점에 있어서 일정한 질서를 실현하기 위한 활동기준이다.
> (2) 행정주체는 구체적인 행정계획을 입안·결정함에 있어서 비교적 광범위한 형성의 자유를 가지는 것이지만, 행정주체가 가지는 이와 같은 형성의 자유는 무제한적인 것이 아니라 그 행정계획에 관련되는 자들의 이익을 정당하게 비교교량하여야 한다.
> (3) 행정주체가 행정계획을 입안·결정함에 있어서 이익형량을 전혀 행하지 아니하거나 이익형량의 고려대상에 마땅히 포함시켜야 할 사항을 누락한 경우 또는 이익형량을 하였으나 정당성과 객관성이 결여된 경우에는 그 행정계획결정은 형량에 하자가 있어 위법하게 된다.

Chapter 04 예고

01 입법예고

1. 예고의 대상

(1) **원칙**

행정청은 법령등을 제정·개정 또는 폐지하려는 경우에는 이를 예고하여야 한다.

(2) **예외**

① 신속한 국민의 권리 보호를 위해 입법이 긴급을 요하는 경우
② 상위 법령등의 단순한 집행을 위한 경우
③ 입법내용이 국민의 권리·의무 또는 일상생활과 관련이 없는 경우
④ 단순한 표현·자구를 변경하는 경우 등 입법내용의 성질상 예고의 필요가 없거나 곤란한 경우
⑤ 예고함이 공공의 안전 또는 복리를 현저히 해칠 우려가 있는 경우

2. 예고방법

법령은 40일 이상 기간을 정하여 관보 및 법제처장이 구축·제공하는 정보시스템을 통해 공고하며, 자치법규는 20일 이상 기간을 정하여 공보를 통해 공고한다.

3. 의견제출 및 처리

누구든지 공청회 또는 온라인공청회 등을 통해 의견을 제출할 수 있다. 행정청은 제출된 의견을 존중하여 처리하여야 한다.

02 행정예고

1. 예고의 대상

(1) **원칙**

행정청은 정책안을 수립·시행하거나 변경하려는 경우에는 이를 예고하여야 한다.

(2) **예외**

① 신속하게 국민의 권리를 보호하여야 하는 등 긴급한 사유로 예고가 현저히 곤란한 경우
② 법령등의 단순한 집행을 위한 경우
③ 국민의 권리·의무 또는 일상생활과 관련이 없는 경우
④ 공공의 안전 또는 복리를 현저히 해칠 우려가 상당한 경우

2. 입법예고로 갈음

법령등의 입법을 포함하는 행정예고는 입법예고로 갈음할 수 있다.

3. 예고기간

예고기간은 20일 이상으로 한다. 다만, 긴급한 필요가 있는 경우에는 10일 이상의 범위에서 예고기간을 단축할 수 있다.

4. 의견제출 및 처리

누구든지 공청회 또는 온라인공청회 등을 통해 의견을 제출할 수 있다. 행정청은 제출된 의견을 존중하여 처리하여야 한다.

Chapter 05 행정지도

01 의의

행정기관이 그 소관 사무의 범위 안에서 일정한 행정목적을 실현하기 위하여 특정인에게 일정한 행위를 하거나 하지 아니하도록 지도·권고·조언 등을 하는 행정작용을 의미한다.

02 행정지도의 원칙

1. 행정지도는 그 목적 달성에 필요한 최소한도에 그쳐야 한다.
2. 행정지도의 상대방의 의사에 반하여 부당하게 강요하여서는 아니 된다.
3. 행정기관은 행정지도의 상대방이 행정지도에 따르지 아니하였다는 것을 이유로 불이익한 조치를 하여서는 아니 된다.

03 행정지도의 방식과 절차

1. 행정지도 실명제

행정지도를 하는 자는 그 상대방에게 그 행정지도의 취지 및 내용과 신분을 밝혀야 한다.

2. 행정지도의 방식

행정지도가 말로 이루어지는 경우에 상대방이 행정지도의 취지 및 내용을 적은 서면의 교부를 요구하면 그 행정지도를 하는 자는 직무 수행에 특별한 지장이 없으면 이를 교부하여야 한다.

3. 의견제출

행정지도의 상대방은 당해 행정지도의 방식·내용 등에 관하여 행정기관에 의견제출을 할 수 있다.

4. 다수인을 대상으로 하는 행정지도

행정기관이 같은 행정목적을 실현하기 위하여 많은 상대방에게 행정지도를 하려는 경우에는 특별한 사정이 없으면 행정지도에 공통적인 내용이 되는 사항을 공표하여야 한다.

04 행정지도의 한계

1. 상대방의 임의적 협력을 전제로 하므로 책임소재가 명확하지 않다.
2. 비권력적 사실행위로서 강제력이 없으므로 실효성 확보가 곤란하다.
3. 행정지도의 내용이 상대방에게 사실상 강제되는 경우가 있다. 그러나 그 피해에 대하여 사후 직 구제수난이 미흡하다.

05 행정지도의 권리 구제 수단

1. 행정쟁송

비권력적 사실행위로서 처분이 아니므로 행정쟁송의 대상이 아니다.

2. 손해배상청구

임의성을 가지므로 손해 발생의 인과관계를 인정하기 어렵다.

3. 헌법소원 제기 가능성

단순한 행정지도로서의 한계를 넘어 규제적·구속적 성격이 강하다면, 헌법소원의 대상인 공권력의 행사에 해당할 수 있다.

MEMO

Chapter 01 정보공개 일반론(정보공개 청구의 적법성)
Chapter 02 공공기관의 의무
Chapter 03 정보공개의 절차
Chapter 04 불복 구제 절차
Chapter 05 정보공개위원회

PART

02

공공기관의 정보공개에 관한 법률

Chapter 01 정보공개 일반론(정보공개 청구의 적법성)

> [제5회]
> 정보공개 청구권자와 공공기관의 범위에 관하여 설명하시오. (20점)
>
> [제9회]
> 외국인이 정보공개 청구권의 주체가 될 수 있는지와 인적사항 부분이 정보공개 대상이 되는지를 검토하시오. (20점)
>
> [제10회]
> 사립중학교가 공공기관이 되는지를 설명하고, 회의록에 사생활 관련 사항이 포함되어 있다면 어떤 범위로 정보공개를 할 수 있는지를 설명하시오. (20점)

01 정보공개 청구권의 법적 근거

「헌법」제21조에서 직접 파생하는 구체적이고 현실적인 권리로, 「헌법」상의 기본권으로 보장된다. 「공공기관의 정보공개에 관한 법률」도 정보공개 청구권을 정보와의 이해관련성의 유무를 불문하고 국민의 알권리로서 보장하고 있다.

02 정보공개 청구권자

1. 모든 국민은 정보의 공개를 청구할 권리를 가진다.
2. 외국인의 경우도 국내에 일정한 주소를 두고 거주하거나 학술·연구를 위하여 일시적으로 체류하는 사람, 국내에 사무소를 두고 있는 법인 또는 단체에 해당한다면 정보의 공개를 청구할 권리를 가진다.

03 정보공개 의무자

국가기관, 지방자치단체, 「공공기관의 운영에 관한 법률」에 따른 공공기관 등을 의미한다. 대법원은 교육의 공공성, 공·사립학교의 동질성 등을 이유로 사립학교도 공공기관의 하나로 보고 있다.

04 공개대상정보

공공기관이 현재 보유·관리하고 있는 정보이다.

> **판례**
>
> **1. 정보공개 청구권의 의미(2003두8050)**
> 정보공개 청구권은 법률상 보호되는 구체적인 권리이므로 청구인이 공공기관에 대하여 정보공개를 청구하였다가 거부처분을 받은 것 자체가 법률상 이익의 침해에 해당한다.
>
> **2. 알권리(2017두44558)**
> 정보공개 청구권자가 공개를 청구하는 정보와 어떤 관련성을 가질 것을 요구하거나 정보공개 청구의 목적에 특별한 제한을 두고 있지 아니하므로 정보공개 청구권자의 권리 구제 가능성 등은 정보의 공개 여부 결정에 아무런 영향을 미치지 못한다.

Chapter 02 공공기관의 의무

01 공공기관의 의무

1. 정보공개 청구에 관한 소관 관계 법령을 정비하며, 정보를 적극적으로 공개하는 조직문화 형성에 노력하여야 한다.
2. 행정안전부장관은 통합정보공개시스템을 구축·운영하여야 한다.
3. 정보공개 담당자는 정보공개 업무를 성실하게 수행하여야 한다.

02 공공기관의 정기적 공개 대상

1. 국민생활에 매우 큰 영향을 미치는 정책에 관한 정보
2. 대규모 예산이 투입되는 사업에 관한 정보
3. 예산집행의 내용과 사업평가 결과 등 행정감시를 위하여 필요한 정보

03 정보목록의 작성·비치

공공기관은 정보목록을 작성·비치하고 정보공개시스템 등을 통하여 공개하여야 한다.

Chapter 03 정보공개의 절차

01 비공개 대상 정보

> [제2회]
> 비공개 대상 정보에 대하여 설명하시오. (20점)
>
> [제9회]
> 외국인이 정보공개 청구권의 주체가 될 수 있는지와 인적사항 부분이 정보공개 대상이 되는지를 검토하시오. (20점)

1. 정보공개의 원칙

「정보공개법」은 비공개 대상 정보에 대하여 열거하고 있다. 이에 해당하지 아니하는 경우 국민의 알권리 보장을 위하여 적극적으로 공개하여야 한다.

2. 비공개 대상 정보

(1) 다른 법률 또는 법률에서 위임한 명령에 따라 비공개 사항으로 규정된 정보

(2) 국가의 중대한 이익을 현저히 해칠 우려가 있는 정보

(3) 국민의 생명·신체 및 재산상 현저한 지장을 초래할 우려가 있는 정보

(4) 진행 중인 재판에 관한 정보

(5) 업무의 공정한 수행에 현저한 지장을 초래하는 정보
(다만, 의사결정 과정 등을 이유로 비공개할 경우에는 의사결정 과정 종료 예정일을 함께 안내하여야 한다.)

(6) 개인의 사생활의 비밀 또는 자유를 침해할 우려가 있다고 인정되는 정보

(7) 경영상·영업상 비밀에 관한 사항

(8) 특정인에게 이익 또는 불이익을 줄 우려가 있는 정보

02 정보공개 여부의 결정

> **제4회**
> 정보공개 청구를 받은 공공기관의 정보공개 여부 결정 절차에 관하여 설명하시오. (20점)

1. 결정 기간

청구를 받은 날부터 10일 이내에 정보공개심의회의 심의를 거쳐 공개 여부를 결정한다. 공공기관은 부득이한 경우 10일의 범위에서 공개 여부 결정기간을 연장할 수 있다. 이 경우 공공기관은 연장된 사실과 연장 사유를 청구인에게 지체 없이 문서로 통지하여야 한다.

2. 제3자에의 통지

공개 청구된 정보가 제3자와 관련이 있는 경우에는 제3자에게 지체 없이 통지하여야 한다.

3. 이송

다른 공공기관이 보유·관리하는 정보의 공개 청구를 받았을 때에는 지체 없이 이를 소관 기관으로 이송하여야 한다.

4. 민원 처리

공공기관은 정보공개 청구가 정보공개 청구로 보기 어려운 경우로서 민원으로 처리할 수 있는 경우에는 민원으로 처리할 수 있다.

5. 종결 처리

(1) 반복 청구

정당한 사유 없이 다시 동일한 청구를 하는 경우에는 동일 여부를 종합적으로 고려하여 해당 청구를 종결 처리 할 수 있다. 이 경우 종결 처리 사실을 청구인에게 알려야 한다.

(2) 기타 종결 처리 사유

① 공개를 목적으로 작성되어 이미 공개된 정보를 공개 청구하는 경우에는 해당 정보의 소재를 안내하고 종결 처리 할 수 있다.
② 다른 법령이나 사회통념상 수령할 수 없는 방법으로 정보공개 청구를 하는 경우에는 수령이 가능한 방법으로 청구하도록 안내하고 종결 처리 할 수 있다.

03 정보공개 여부 결정의 통지

1. 공개의 통지

정보의 공개를 결정한 경우에는 공개의 일시 및 장소 등을 분명히 밝혀 청구인에게 통지하여야 한다.

2. 비공개의 통지

정보의 비공개 결정을 한 경우에는 비공개 이유와 불복의 방법 및 절차를 구체적으로 밝혀야 한다.

3. 공개 방법

(1) 공공기관은 청구인이 사본 또는 복제물의 교부를 원하는 경우에는 이를 교부하여야 한다.

(2) 공개 대상 정보의 양이 너무 많은 경우에는 해당 정보를 나누어 제공하거나 사본 교부 또는 열람과 병행하여 제공할 수 있다.

(3) 원본이 훼손될 우려가 있는 경우 사본을 공개할 수 있다.

04 정보공개심의회

1. 원칙

국가기관등은 정보공개의 청구를 받으면 심의회를 개최하여야 한다.

2. 구성

심의회는 위원장 1명을 포함하여 5명 이상 7명 이하의 위원으로 구성한다. 심의회의 위원 중 3분의 2는 외부 전문가로 위촉하여야 한다.

3. 심의 생략

(1) **사유**

① 심의회의 심의를 이미 거친 사항
② 단순·반복적인 청구
③ 법령에 따라 비밀로 규정된 정보에 대한 청구에 해당하는 경우

(2) 통지

심의를 생략하는 경우 개최하지 아니하는 사유를 청구인에게 문서로 통지하여야 한다.

05 정보공개의 방법

> [제10회]
> 사립중학교가 공공기관이 되는지를 설명하고, 회의록에 사생활 관련 사항이 포함되어 있다면 어떤 범위로 정보공개를 할 수 있는지를 설명하시오. (20점)
>
> [제11회]
> 정보 중 이름·주민등록번호를 제외한 나머지 부분은 비공개 대상 정보가 아니라고 전제할 때, 정보의 전부에 대해 비공개 결정을 한 것이 타당한지를 검토하시오. (20점)

1. 부분 공개

(1) 의의

공개 청구한 정보가 비공개 대상 부분과 공개가 가능한 부분이 혼합되어 있는 경우로서 공개 청구의 취지에 어긋나지 아니하는 범위 안에서 두 부분을 분리할 수 있는 때에는 비공개 대상 부분을 제외하고 공개하여야 한다.

(2) 권리 구제

① 이의신청
  ㉠ 청구인은 부분 공개 결정의 통지를 받은 날부터 30일 이내에 해당 공공기관에 문서로 이의신청을 할 수 있다.
  ㉡ 제3자는 부분 공개 결정의 통지를 받은 날부터 7일 이내에 해당 공공기관에 문서로 이의신청을 제기할 수 있다.

② 행정심판 및 행정소송
  이의신청과 관계없이 행정심판 또는 행정소송을 청구할 수 있다.

2. 정보의 전자적 공개

공공기관은 청구인이 전자적 형태로 공개하여 줄 것을 요청하는 경우에는 그 요청에 따라야 한다. 공공기관이 전자적 형태로 보유·관리하지 아니하는 정보인 경우에는 그 정보를 전자적 형태로 변환하여 공개할 수 있다.

3. 즉시 처리가 가능한 정보의 공개

① 공개를 목적으로 작성된 정보, ② 각종 홍보자료, 또는 ③ 공개하기로 결정된 정보는 정보공개 여부의 결정 절차를 거치지 아니하고 공개하여야 한다.

> **판례**
>
> **1. 정보공개방법(2003두8050)**
>
> 공개 청구를 받은 공공기관으로서는 정보공개 청구자가 선택한 공개방법에 따라 정보를 공개하여야 하므로 그 공개방법을 선택할 재량권이 없다.
>
> **2. 정보공개방법의 선택(2016두44674)**
>
> 청구인이 신청한 공개방법 이외의 방법으로 공개하기로 하는 결정을 하였다면, 이는 정보공개 청구 중 정보공개방법에 관한 부분에 대하여 일부 거부처분을 한 것이다.
>
> **3. 부분 공개의 의미(2009두12785)**
>
> 정보의 부분 공개가 허용되는 경우란 그 정보의 공개방법 및 절차에 비추어 당해 정보에서 비공개 대상 정보에 관련된 기술 등을 제외 혹은 삭제하고 나머지 정보만을 공개하는 것이 가능하고 나머지 부분의 정보만으로도 공개의 가치가 있는 경우를 의미한다.

Chapter 04 불복 구제 절차

01 청구인의 구제수단

> [제6회]
> 공공기관의 정보 비공개 결정에 대한 청구인의 불복 구제 절차에 관하여 설명하시오. (20점)

1. 이의신청

(1) 이의신청 청구

청구인이 비공개 결정 또는 부분 공개 결정 통지를 받은 날 또는 정보공개 청구 후 20일이 경과한 날부터 30일 이내에 해당 공공기관에 문서로 이의신청을 할 수 있다.

(2) 심의회 개최

이의신청이 있는 경우에는 심의회를 개최하여야 한다. 다만, ① 심의회의 심의를 이미 거친 사항, ② 단순·반복적인 청구, ③ 법령에 따라 비밀로 규정된 정보에 대한 청구에 해당하는 경우에는 심의회를 개최하지 아니할 수 있으며, 개최하지 아니하는 사유를 청구인에게 문서로 통지하여야 한다.

(3) 이의신청의 결정기간

공공기관은 이의신청을 받은 날부터 7일 이내에 그 이의신청에 대하여 결정하고 그 결과를 청구인에게 지체 없이 문서로 통지하여야 한다. 다만, 부득이한 경우에는 7일의 범위에서 연장할 수 있으며, 연장 사유를 청구인에게 통지하여야 한다.

(4) 통지의무

공공기관은 이의신청을 각하 또는 기각하는 결정을 한 경우에는 청구인에게 행정심판 또는 행정소송을 제기할 수 있다는 사실을 결과 통지와 함께 알려야 한다.

2. 행정심판·행정소송

청구인은 이의신청과 관계없이 행정심판 또는 행정소송을 청구할 수 있다.

02 제3자의 구제수단

> **제8회**
> 甲이 공공기관 A에게 공개 청구한 정보가 제3자인 乙과 관련이 있는 경우, 乙의 권리보호에 관하여 설명하시오. (20점)

1. 제3자의 비공개 요청

공개 청구 사실을 통지받은 제3자는 통지받은 날부터 3일 이내에 비공개 요청을 할 수 있다.

2. 공개 실시일

비공개 요청에도 불구하고 공공기관이 공개 결정을 할 때에는 공개 결정일과 공개 실시일 사이에 최소한 30일의 간격을 두어야 한다.

3. 이의신청

(1) 이의신청 청구

비공개 요청에도 불구하고 공공기관이 공개 결정을 할 때에는 공개 결정 이유와 공개 실시일을 분명히 밝혀 지체 없이 문서로 통지하여야 하며, 제3자는 정보공개 통지를 받은 날부터 7일 이내에 문서로 이의신청을 할 수 있다.

(2) 심의회 개최

이의신청이 있는 경우에는 심의회를 개최하여야 한다. 다만, ① 심의회의 심의를 이미 거친 사항, ② 단순·반복적인 청구, ③ 법령에 따라 비밀로 규정된 정보에 대한 청구에 해당하는 경우에는 심의회를 개최하지 아니할 수 있으며, 개최하지 아니하는 사유를 제3자에게 문서로 통지하여야 한다.

(3) 이의신청의 결정기간

공공기관은 이의신청을 받은 날부터 7일 이내에 그 이의신청에 대하여 결정하고 그 결과를 제3자에게 지체 없이 문서로 통지하여야 한다. 다만, 부득이한 경우에는 7일의 범위에서 연장할 수 있으며, 연장 사유를 제3자에게 통지하여야 한다.

(4) 통지의무

공공기관은 이의신청을 각하 또는 기각하는 결정을 한 경우에는 제3자에게 행정심판 또는 행정소송을 제기할 수 있다는 사실을 결과 통지와 함께 알려야 한다.

4. 행정심판·행정소송

제3자는 이의신청과 관계없이 행정심판 또는 행정소송을 청구할 수 있다.

> **판례**
>
> **비공개 요청의 의미(2008두8680)**
> 제3자의 비공개 요청이 있다는 사유만으로 「정보공개법」상 정보의 비공개 사유에 해당한다고 볼 수 없다.

Chapter 05 정보공개위원회

01 정보공개위원회의 설치 · 심의사항

1. 설치

행정안전부장관 소속으로 정보공개위원회를 둔다.

2. 심의사항

(1) 정보공개에 관한 정책 수립 및 제도 개선에 관한 사항

(2) 정보공개에 관한 기준 수립에 관한 사항

(3) 심의회 심의결과의 조사·분석 및 심의기준 개선 관련 의견제시에 관한 사항

(4) 공공기관의 정보공개 운영실태 평가 및 그 결과 처리에 관한 사항

(5) 정보공개와 관련된 불합리한 제도·법령 및 그 운영에 대한 조사 및 개선권고에 관한 사항

02 위원회의 구성

1. 위원회는 성별을 고려하여 위원장과 부위원장 각 1명을 포함한 11명의 위원으로 구성한다.

2. 위원장을 포함한 7명은 공무원이 아닌 사람으로 위촉하여야 한다.

Chapter 01 질서위반행위 적용범위
Chapter 02 질서위반행위의 성립 등
Chapter 03 행정청의 과태료 부과 및 징수
Chapter 04 질서위반행위의 재판 및 집행

PART

03

질서위반행위규제법

Chapter 01 질서위반행위 적용범위

> **제9회**
> 질서위반행위의 개념과 시간적, 장소적 적용범위에 관하여 설명하시오. (20점)

01 질서위반행위

법률 또는 조례상의 의무를 위반하여 과태료를 부과하는 행위이다.

02 시간적 범위

1. 원칙

행위 시의 법률에 따른다.

2. 예외

(1) 질서위반행위 후 법률이 변경되어 그 행위가 질서위반행위에 해당하지 아니하게 되거나 과태료가 변경되기 전의 법률보다 가볍게 된 때에는 법률에 특별한 규정이 없는 한 변경된 법률을 적용한다.

(2) 행정청의 과태료 처분이나 법원의 과태료 재판이 확정된 후 법률이 변경되어 그 행위가 질서위반행위에 해당하지 아니하게 된 때에는 변경된 법률에 특별한 규정이 없는 한 과태료의 징수 또는 집행을 면제한다.

03 장소적 범위

1. 대한민국 영역 안에서 질서위반행위를 한 자에게 적용한다.
2. 대한민국 영역 밖에서 질서위반행위를 한 대한민국의 국민에게 적용한다.
3. 대한민국 영역 밖에 있는 대한민국의 선박 또는 항공기 안에서 질서위반행위를 한 외국인에게 적용한다.

04 다른 법률과의 관계

과태료에 관한 다른 법률의 규정 중 「질서위반행위규제법」의 규정에 저촉되는 것은 「질서위반행위규제법」을 적용한다.

Chapter 02 질서위반행위의 성립 등

01 질서위반행위의 성립요건

> [제6회]
> 질서위반행위 성립요건과 관련하여 과태료 부과처분이 적법한지 설명하시오. (20점)

1. 질서위반행위
법률 또는 조례상의 의무를 위반하여 과태료를 부과하는 행위이다.

2. 고의 또는 과실
고의 또는 과실이 없는 위반행위는 과태료를 부과하지 아니한다.

3. 위법성의 착오
자신의 행위가 위법하지 아니한 것으로 오인하고 그 오인에 정당한 이유가 있는 때에 한하여 과태료를 부과하지 아니한다.

4. 책임연령
14세가 되지 아니한 자의 질서위반행위는 과태료를 부과하지 아니한다.

5. 심신장애
(1) 심신장애로 인하여 행위의 옳고 그름을 판단할 능력이 없거나 그 판단에 따른 행위를 할 능력이 없는 자의 질서위반행위는 과태료를 부과하지 아니한다.

(2) 심신장애로 인하여 능력이 미약한 자의 질서위반행위는 과태료를 감경한다.

(3) 스스로 심신장애 상태를 일으켜 질서위반행위를 한 자에 대하여는 심신장애를 적용하지 아니한다.

02 질서위반행위의 성립효과

1. 질서위반행위
법률 또는 조례상의 의무를 위반하여 과태료를 부과하는 행위이다.

2. 법인의 처리 등
종업원이 업무에 관하여 법인 또는 개인에게 부과된 법률상의 의무를 위반한 때에는 법인 또는 개인에게 과태료를 부과한다.

3. 다수인의 질서위반행위 가담
(1) 2인 이상이 질서위반행위에 가담한 때에는 각자가 질서위반행위를 한 것으로 본다.

(2) 신분에 의하여 성립하는 질서위반행위에 신분이 없는 자가 가담한 때에는 신분이 없는 자에 대하여도 질서위반행위가 성립한다.

(3) 신분에 의하여 과태료를 감경 또는 가중하는 경우 신분이 없는 자에게는 미치지 아니한다.

4. 수개의 질서위반행위의 처리
(1) 하나의 행위가 2 이상의 질서위반행위에 해당하는 경우에는 각 질서위반행위의 과태료 중 가장 중한 과태료를 부과한다.

(2) 다른 행위로 2 이상의 질서위반행위가 경합하는 경우에는 각 질서위반행위에 대하여 정한 과태료를 각각 부과한다.

5. 과태료의 시효
5년간 징수하지 아니하거나 집행하지 아니하면 시효로 소멸한다.

Chapter 03 행정청의 과태료 부과 및 징수

01 과태료 부과 절차

> **제4회**
> 행정청의 과태료 부과·징수 및 불복절차에 관하여 설명하시오. (20점)

1. 질서위반행위

법률 또는 조례상의 의무를 위반하여 과태료를 부과하는 행위이다.

2. 사전통지 · 의견제출

행정청은 미리 당사자에게 통지하고 10일 이상의 기간을 정하여 의견제출 기회를 주어야 한다. 지정된 기일까지 의견제출이 없는 경우에는 의견이 없는 것으로 본다. 행정청은 당사자의 의견에 상당한 이유가 있는 경우에는 과태료를 부과하지 아니하거나 변경할 수 있다.

3. 과태료의 부과

행정청은 서면으로 과태료를 부과하여야 한다.

4. 과태료 부과의 제척기간

행정청은 질서위반행위가 종료된 날부터 5년이 경과한 경우에는 해당 질서위반행위에 대하여 과태료를 부과할 수 없다. 행정청은 법원의 결정이 있는 경우에는 그 결정이 확정된 날부터 1년이 경과하기 전까지는 과태료를 정정부과 하는 등 필요한 처분을 할 수 있다.

5. 이의제기

당사자는 과태료 부과 통지를 받은 날부터 60일 이내에 해당 행정청에 서면으로 이의제기를 할 수 있다. 이의제기가 있으면 행정청의 과태료 부과처분은 그 효력을 상실한다.

6. 법원에의 통보

행정청은 이의제기를 받은 날부터 14일 이내에 이에 대한 의견 및 증빙서류를 첨부하여 관할 법원에 통보하여야 한다.

02 과태료 납부

1. 자진납부자

행정청은 당사자가 의견제출 기한 이내에 과태료를 자진하여 납부하고자 하는 경우에는 과태료를 감경할 수 있다.

2. 납부기한의 위반

(1) 가산금

납부기한을 경과한 날부터 체납된 과태료의 100분의 3에 상당하는 가산금을 징수한다.

(2) 중가산금

납부기한이 경과한 날부터 매 1개월이 경과할 때마다 체납된 과태료의 1천분의 12에 상당하는 중가산금을 가산금에 가산하여 징수한다. 이 경우 중가산금을 가산하여 징수하는 기간은 60개월을 초과하지 못한다.

(3) 체납처분

행정청은 당사자가 이의를 제기하지 아니하고 가산금을 납부하지 아니한 때에는 체납처분한다.

3. 결손처분

(1) 과태료의 소멸시효가 완성된 경우

(2) 체납자의 행방이 분명하지 아니하거나 재산이 없는 등 징수할 수 없는 경우

03 과태료의 징수유예등

1. 대상

행정청은 ① 기초생활수급자, ② 장애인, ③ 본인 외에는 가족을 부양할 사람이 없는 사람, ④ 불의의 재난으로 피해를 당한 사람, ⑤ 납부의무자 또는 그 동거 가족이 1개월 이상의 장기 치료를 받아야 하는 경우, ⑥ 개인회생절차개시결정자, ⑦ 실업급여수급자 등에 해당하여 당사자가 과태료를 납부하기가 곤란하다고 인정되면 1년의 범위에서 과태료의 분할납부나 납부기일의 연기를 결정할 수 있다.

2. 신청

징수유예등을 받으려는 당사자는 행정청에 징수유예를 신청할 수 있다.

3. 담보 제공 명령

행정청은 유예하는 금액에 상당하는 담보제공 등의 명령을 할 수 있다.

4. 제한

행정청은 징수유예등의 기간 중에는 가산금·중가산금의 징수 또는 체납처분을 할 수 없다.

5. 취소

행정청은 ① 과태료 징수금을 지정된 기한까지 납부하지 아니하였을 때, ② 행정청의 담보의 제공이나 변경 명령에 따르지 아니하였을 때, ③ 재산상황의 변화로 유예할 필요가 없다고 인정될 때에 해당하는 경우 그 징수유예등을 취소하고, 유예된 과태료 징수금을 한꺼번에 징수할 수 있다.

04 과태료 체납자에 대한 제재

> [제8회]
> 관허사업의 제한과 고액·상습체납자에 대한 제재를 설명하시오. (20점)
>
> [제11회]
> 관허사업을 경영하고 있는 과태료 체납자에 대한 제재에 관하여 설명하시오. (20점)

1. 관허사업의 제한

(1) **개념**

행정청은 과태료 체납자에 대하여 사업의 정지 또는 허가등의 취소를 할 수 있다.

(2) **요건**

해당 사업과 관련된 과태료를 ① 3회 이상 체납하고 있고, ② 체납발생일부터 각 1년 경과하였으며, ③ 체납금액의 합계가 500만 원 이상인 체납자

(3) **절차**

① 행정청은 당해 사업의 주무관청에 대하여 관허사업의 제한을 요구할 수 있다.
② 행정청은 당해 과태료를 징수한 때에는 지체 없이 제한 요구를 철회하여야 한다.

2. 고액·상습체납자에 대한 제재

(1) **감치**

법원은 30일의 범위 이내에서 고액·상습체납자를 감치에 처할 수 있다.

(2) **요건**

과태료 납부능력이 있음에도 불구하고 정당한 사유 없이 ① 3회 이상 체납하고 있고, ② 체납발생일부터 각 1년 경과하였으며, ③ 체납금액의 합계가 1천만 원 이상인 체납자

(3) **절차**

① 감치 결정에 대하여는 즉시항고를 할 수 있다.
② 감치에 처하여진 과태료 체납자는 동일한 체납사실로 인하여 재차 감치되지 아니한다.

3. 자동차 관련 과태료 체납자

(1) 자동차 등록번호판의 영치

행정청은 자동차 관련 과태료를 납부하지 아니한 자에 대하여 체납된 자동차 관련 과태료와 관계된 그 소유의 자동차의 등록번호판을 영치할 수 있다.

(2) 영치 일시 해제

해당 자동차를 직접적인 생계유지 목적으로 사용하고 있어 생계유지가 곤란하다고 인정되는 경우 영치를 일시 해제할 수 있다. 다만, 그 밖의 다른 과태료를 체납하고 있는 당사자에 대하여는 그러하지 아니하다.

(3) 소유권 이전등록

자동차 관련 과태료의 체납으로 인하여 압류등록된 자동차에 대하여 소유권 이전등록을 하려는 자는 압류등록의 원인이 된 자동차 관련 과태료를 납부한 증명서를 제출하여야 한다.

Chapter 04 질서위반행위의 재판 및 집행

01 과태료 재판

1. 심리

(1) 법원은 심문기일을 열어 당사자의 진술을 들어야 하며, 검사의 의견을 구하여야 한다.

(2) 법원은 행정청으로 하여금 심문기일에 출석하여 의견을 진술하게 할 수 있다.

(3) 법원은 직권으로 사실의 탐지와 필요하다고 인정하는 증거의 조사를 하여야 한다.

2. 재판

과태료 재판은 이유를 붙인 결정으로써 한다.

3. 항고

당사자와 검사는 과태료 재판에 대하여 즉시항고를 할 수 있다. 이 경우 항고는 집행정지의 효력이 있다.

4. 과태료 재판의 집행

과태료 재판은 검사의 명령으로써 집행한다.

02 약식재판

> **제12회**
> 약식재판에 대한 이의신청을 설명하시오. (20점)

1. 의의
법원이 심문 없이 행하는 과태료 재판을 의미한다.

2. 이의신청
당사자와 검사는 약식재판의 고지를 받은 날부터 7일 이내에 이의신청을 할 수 있다.

3. 이의신청 취하
(1) 이의신청을 한 당사자 또는 검사는 정식재판 절차에 따른 결정을 고지받기 전까지 이의신청을 취하할 수 있다.

(2) 이의신청의 취하는 이의신청취하서를 법원에 제출함으로써 한다. 다만, 심문기일에는 말로 할 수 있다.

4. 이의신청 각하
법원은 이의신청이 법령상 방식에 어긋나거나 이의신청권이 소멸된 뒤의 것임이 명백한 경우에는 결정으로 이를 각하하여야 한다.

5. 약식재판의 확정
(1) 이의신청 기간 이내에 이의신청이 없는 때

(2) 이의신청에 대한 각하결정이 확정된 때

(3) 당사자 또는 검사가 이의신청을 취하한 때

6. 정식재판 절차로의 이행
법원이 이의신청이 적법하다고 인정하는 때에는 약식재판은 그 효력을 상실하며, 법원은 심문을 거쳐 다시 재판하여야 한다.

MEMO

Chapter 01 총칙
Chapter 02 조사의 주기와 대상자
Chapter 03 조사방법
Chapter 04 조사실시
Chapter 05 자율관리체제

행정사
이준희 행정절차론

PART

04

행정조사기본법

Chapter 01 총칙

01 행정조사의 근거와 기본원칙

> 제1회
>
> 행정조사의 기본원칙 (20점)
>
> 제7회
>
> 행정조사의 기본원칙 및 위법한 행정조사에 기초한 행정행위의 효력 (20점)

1. 행정조사

행정조사란 행정기관이 정책을 결정하거나 직무를 수행하는 데 필요한 정보나 자료를 수집하는 활동을 말한다.

2. 행정조사의 근거

행정기관은 법령등에서 행정조사를 규정하고 있는 경우에 한하여 행정조사를 실시할 수 있다. 다만, 조사대상자의 자발적인 협조를 얻어 실시하는 경우에는 그러하지 아니하다.

3. 행정조사의 기본원칙

(1) 행정조사는 필요한 최소한의 범위 안에서 실시하여야 하며, 조사권을 남용하여서는 아니 된다.

(2) 행정기관은 조사목적에 적합하도록 조사대상자를 선정하여야 한다.

(3) 행정기관은 공동조사 등을 실시함으로써 행정조사가 중복되지 아니하도록 하여야 한다.

(4) 행정조사는 법령등을 준수하도록 유도하는 데 중점을 두어야 한다.

(5) 행정조사의 내용을 공표하거나 직무상 알게 된 비밀을 누설하여서는 아니 된다.

(6) 행정조사를 통하여 알게 된 정보를 원래의 조사목적 이외의 용도로 이용하거나 타인에게 제공하여서는 아니 된다.

02 위법한 행정조사에 기초한 행정행위의 효력

> [제7회]
> 행정조사의 기본원칙 및 위법한 행정조사에 기초한 행정행위의 효력 (20점)
>
> [제13회]
> 동의를 얻지 않은 채혈에 근거한 운전면허취소처분이 적법한지 검토하시오. (20점)

1. 행정조사

행정조사란 행정기관이 정책을 결정하거나 직무를 수행하는 데 필요한 정보나 자료를 수집하는 활동을 말한다.

2. 견해의 대립

행정의 효율성을 강조하는 입장에서 행정조사는 행정행위의 준비작용일 뿐 반드시 행정행위 결정의 선행요건으로 볼 수는 없다는 승계부정설과 행정조사는 전체적으로 하나의 행정과정을 구성하고 있으므로 행정조사에 중대한 위법사유가 있으면 곧 행정행위도 위법하다는 승계긍정설이 대립한다.

3. 검토

행정조사와 그에 기초한 행정행위는 별개라 할지라도 밀접한 관련성을 가지므로, 국민의 권익을 보호하는 입장에서 행정조사의 위법성은 행정행위에도 원칙적으로 승계된다고 보는 것이 타당하다.

Chapter 02 조사의 주기와 대상자

> **제10회**
> 수시조사와 중복조사 제한에 관하여 설명하시오. (20점)

01 행정조사

행정조사란 행정기관이 정책을 결정하거나 직무를 수행하는 데 필요한 정보나 자료를 수집하는 활동을 말한다.

02 조사의 주기

1. 정기조사

법령등 또는 행정조사운영계획으로 정하는 바에 따라 정기적으로 실시함을 원칙으로 한다.

2. 수시조사 실시사유

(1) 법률에서 수시조사를 규정하고 있는 경우
(2) 법령등의 위반에 대하여 조사할 필요가 있는 경우

03 조사대상의 선정

1. 기본원칙
행정기관은 조사목적에 적합하도록 조사대상자를 선정하여야 한다.

2. 선정 기준
행정기관의 장은 명백하고 객관적인 기준에 따라 행정조사의 대상을 선정하여야 한다.

3. 열람 신청
조사대상자는 조사대상 선정기준에 대한 열람을 행정기관의 장에게 신청할 수 있다.

4. 열람 거절 사유
(1) 행정조사업무를 수행할 수 없을 정도로 조사활동에 방해가 되는 경우
(2) 내부고발자 등 제3자에 대한 보호가 필요한 경우

Chapter 03 조사방법

> **제8회**
> 행정조사 방법에 관하여 설명하시오. (20점)

01 일반적인 조사방법

> **제6회**
> 현장조사의 절차 및 제한에 관하여 설명하시오. (20점)

1. 행정조사

행정조사란 행정기관이 정책을 결정하거나 직무를 수행하는 데 필요한 정보나 자료를 수집하는 활동을 말한다.

2. 출석·진술요구, 보고요구, 자료제출 요구

(1) **요구서 발송**

① 일시와 장소, ② 취지, ③ 내용, ④ 제출자료, ⑤ 거부에 대한 제재 등이 기재된 요구서를 발송하여야 한다.

(2) 조사대상자는 출석일시 변경을 신청할 수 있다.

(3) 조사원은 조사대상자의 1회 출석으로 당해 조사를 종결하여야 한다.

3. 현장조사

(1) **사전통지**

현장출입조사서를 조사대상자에게 발송하여야 한다.

(2) **시간적 제한**

① **원칙**

현장조사는 해가 뜨기 전이나 해가 진 뒤에는 할 수 없다.

② **예외**

㉠ 조사대상자가 동의한 경우

㉡ 업무시간에 행정조사를 실시하는 경우

㉢ 조사목적의 달성이 불가능하거나 증거인멸 우려가 있는 경우

(3) **실명제**

조사원은 그 권한을 나타내는 증표를 지니고 이를 조사대상자에게 내보여야 한다.

4. 시료채취

(1) 정상적인 경제활동을 방해하지 아니하는 범위 안에서 최소한도로 하여야 한다.

(2) 행정기관의 장은 손실을 보상하여야 한다.

5. 자료등 영치

(1) 조사원이 영치하는 때에는 조사대상자 등을 입회시켜야 한다. 또한 조사원은 영치조서 2부를 작성하여 입회인과 함께 서명날인하고 그중 1부를 입회인에게 교부하여야 한다.

(2) 조사대상자의 생활이나 영업이 사실상 불가능하게 될 우려가 있는 때에는 사진 또는 사본으로 영치에 갈음할 수 있다. 다만, 증거인멸의 우려가 있는 경우에는 그러하지 아니하다.

02 공동조사 실시와 중복조사 제한

> [제10회]
>
> 수시조사와 중복조사 제한에 관하여 설명하시오. (20점)

1. 행정조사

행정조사란 행정기관이 정책을 결정하거나 직무를 수행하는 데 필요한 정보나 자료를 수집하는 활동을 말한다.

2. 기본원칙

행정기관은 공동조사 등을 실시함으로써 행정조사가 중복되지 아니하도록 하여야 한다.

3. 공동조사

(1) 의무적 공동조사 사유

① 당해 행정기관 내의 2 이상의 부서가 동일하거나 유사한 업무분야에 대하여 동일한 조사대상자에게 행정조사를 실시하는 경우
② 서로 다른 행정기관이 대통령령으로 정하는 분야에 대하여 동일한 조사대상자에게 행정조사를 실시하는 경우

(2) 조사대상자의 신청

행정조사의 사전통지를 받은 조사대상자는 공동조사를 실시하여 줄 것을 신청할 수 있다.

(3) 국무조정실장의 요청

국무조정실장은 행정조사운영계획의 내용을 검토한 후 공동조사를 요청할 수 있다.

4. 중복조사 제한

(1) 행정기관의 재조사 금지

행정기관의 장은 동일한 사안에 대하여 동일한 조사대상자를 재조사 하여서는 아니 된다. 다만, 위법행위가 의심되는 새로운 증거를 확보한 경우에는 그러하지 아니하다.

(2) 행정기관 간의 중복조사 금지

① 행정조사를 실시할 행정기관의 장은 행정조사를 실시하기 전에 다른 행정기관에서 동일한 조사대상자에게 동일하거나 유사한 사안에 대하여 행정조사를 실시하였는지 여부를 확인할 수 있다.
② 행정조사를 실시할 행정기관의 장이 사실을 확인하기 위하여 행정조사의 결과에 대한 자료를 요청하는 경우 요청받은 행정기관의 장은 관련 자료를 제공하여야 한다.

Chapter 04 조사실시

01 행정조사 절차

> **제3회**
> 행정조사의 사전통지와 연기신청에 관하여 설명하시오. (20점)

1. 행정조사

행정조사란 행정기관이 정책을 결정하거나 직무를 수행하는 데 필요한 정보나 자료를 수집하는 활동을 말한다.

2. 개별조사계획의 수립

행정기관의 장은 사전통지를 하기 전에 개별조사계획을 수립하여야 한다.

3. 사전통지

(1) **원칙**

조사개시 7일 전까지 조사대상자에게 서면으로 통지하여야 한다.

(2) **예외**

① 증거인멸 등으로 행정조사의 목적을 달성할 수 없다고 판단되는 경우
② 지정통계의 작성을 위하여 조사하는 경우
③ 조사대상자의 자발적인 협조를 얻어 실시하는 행정조사의 경우

4. 조사연기신청

(1) 조사대상자는 ① 천재지변이나 ② 화재나 그 밖의 재해로 인하여 사업장의 운영이 불가능한 경우 또는 ③ 조사대상자의 질병이나 장기 출장 등으로 인하여 조사가 곤란하다고 판단되는 경우에는 연기신청서를 제출함으로써 행정조사 연기를 요청할 수 있다.

(2) 행정기관의 장은 행정조사의 연기요청을 받은 때에는 연기요청을 받은 날부터 7일 이내에 조사의 연기 여부를 결정하여 조사대상자에게 통지하여야 한다.

5. 의견제출

(1) 조사대상자는 사전통지의 내용에 대하여 행정기관의 장에게 의견을 제출할 수 있다.

(2) 행정기관의 장은 조사대상자가 제출한 의견이 상당한 이유가 있다고 인정하는 경우에는 이를 행정조사에 반영하여야 한다.

6. 조사원 교체신청

(1) 조사대상자는 조사원에게 공정한 행정조사를 기대하기 어려운 경우에는 행정기관의 장에게 서면으로 당해 조사원의 교체를 신청할 수 있다.

(2) 행정기관의 장은 교체신청이 조사를 지연할 목적으로 한 것이거나 그 밖에 교체신청에 타당한 이유가 없다고 인정되는 때에는 그 신청을 기각하고 그 취지를 신청인에게 통지하여야 한다.

7. 조사결과의 통지

행정조사의 결과를 확정한 날부터 7일 이내에 그 결과를 조사대상자에게 통지하여야 한다.

02 제3자 보충조사와 자발적인 협조에 의한 행정조사

1. 행정조사

행정조사란 행정기관이 정책을 결정하거나 직무를 수행하는 데 필요한 정보나 자료를 수집하는 활동을 말한다.

2. 제3자에 대한 보충조사

(1) **실시사유**

행정기관의 장은 조사대상자에 대한 조사만으로는 당해 행정조사의 목적을 달성할 수 없거나 과도한 비용 등이 소요되는 경우에는 제3자에 대한 보충조사를 할 수 있다.

(2) **실시요건**

① 다른 법률에서 제3자에 대한 조사를 허용하고 있는 경우 또는 ② 제3자의 동의가 있는 경우에 한하여 제3자에 대하여 보충조사를 할 수 있다.

(3) **사전통지**

조사개시 7일 전까지 제3자에게 서면으로 통지하여야 한다.

(4) 원 조사대상자에 대한 통지

행정기관의 장은 제3자에 대한 보충조사를 하기 전에 그 사실을 원래의 조사대상자에게 통지하여야 한다. 다만, 제3자에 대한 보충조사를 사전에 통지하여서는 조사목적을 달성할 수 없거나 조사목적의 달성이 현저히 곤란한 경우에는 제3자에 대한 조사결과를 확정하기 전에 그 사실을 통지하여야 한다.

(5) 의견제출

제3자는 물론 원래의 조사대상자도 제3자 보충조사에 대한 의견을 제출할 수 있다.

3. 자발적인 협조에 따라 실시하는 행정조사

(1) 조사대상자는 문서·전화·구두 등의 방법으로 당해 행정조사를 거부할 수 있다.

(2) 조사대상자가 조사에 응할 것인지에 대한 응답을 하지 아니하는 경우에는 그 조사를 거부한 것으로 본다.

(3) 조사거부자의 기초자료는 특정 개인을 식별할 수 없는 형태로 통계를 작성하는 경우에 한하여 이를 이용할 수 있다.

03 조사권 행사의 제한

1. 행정조사

행정조사란 행정기관이 정책을 결정하거나 직무를 수행하는 데 필요한 정보나 자료를 수집하는 활동을 말한다.

2. 기본원칙

행정조사는 필요한 최소한의 범위 안에서 실시하여야 하며, 조사권을 남용하여서는 아니 된다.

3. 조사권 행사의 제한

(1) 조사의 범위

조사원은 사전에 발송된 사항에 한하여 조사대상자를 조사하되, 추가적인 행정조사가 필요할 경우에는 조사대상자에게 그 필요성 등을 통보한 후 추가조사를 실시할 수 있다.

(2) **녹음 · 녹화**

조사대상자와 조사원은 조사과정을 방해하지 아니하는 범위 안에서 상호 협의하에 행정조사의 과정을 녹음하거나 녹화할 수 있다.

(3) **전문가의 참여**

조사대상자는 전문가로 하여금 행정조사를 받는 과정에 입회하게 하거나 의견을 진술하게 할 수 있다.

Chapter 05 자율관리체제

> **제12회**
> 자율관리체제의 구축신고에 관하여 설명하시오. (20점)

01 자율신고제도

행정기관의 장은 조사대상자가 조사사항에 대해 스스로 신고하는 제도를 운영할 수 있으며, 이에 따라 조사대상자가 신고한 내용은 행정조사에 갈음할 수 있다.

02 자율관리체제의 구축

행정기관의 장은 자율관리체제의 기준을 마련하여 고시할 수 있고, 조사대상자 등은 이 기준에 따라 자율관리체제를 구축하여 행정기관의 장에게 신고할 수 있다.

03 자율관리에 대한 혜택의 부여

행정기관의 장은 자율신고를 하는 자와 자율관리체제의 기준을 준수한 자에 대하여는 행정·세제상의 지원을 하는 등 필요한 혜택을 부여할 수 있다.

Chapter 01 총칙

Chapter 02 규제의 신설·강화에 대한 원칙과 심사

Chapter 03 기존규제의 정비

Chapter 04 규제개혁위원회

행정사
이준희 행정절차론

PART

05

행정규제기본법

Chapter 01 총칙

01 규제 법정주의

> [제1회]
> 행정규제의 개념과 행정규제 법정주의에 관하여 설명하시오. (20점)
>
> [제13회]
> 규제법정주의 및 규제의 원칙을 설명하고 우선허용·사후규제 원칙에 대하여 설명하시오. (20점)

1. 행정규제의 의의

행정규제란 국가나 지방자치단체가 특정한 행정 목적을 실현하기 위하여 국민 또는 국내법을 적용받는 외국인의 권리를 제한하거나 의무를 부과하는 것으로서 법령등이나 조례·규칙에 규정되는 사항을 말한다.

2. 규제 법정주의의 내용

(1) 규제는 법률에 근거하여야 하며, 그 내용은 알기 쉬운 용어로 구체적이고 명확하게 규정되어야 한다.

(2) 규제는 법률에 직접 규정하되, 규제의 세부적인 내용은 법률에서 구체적으로 범위를 정하여 위임한 바에 따라 명령 또는 조례·규칙으로 정할 수 있다. 다만, 법령에서 전문적·기술적 사항이나 경미한 사항으로서 불가피한 경우에 구체적으로 범위를 정하여 고시 등으로 위임할 수 있다.

(3) 행정기관은 법률에 근거하지 아니한 규제로 국민의 권리를 제한하거나 의무를 부과할 수 없다.

> **판례**
> **법률의 위임 없이 규제를 정한 조례는 효력이 없다(2016두35229).**
> 폐기물처리시설을 설치하거나 그 설치비용에 해당하는 금액을 납부할 의무를 부담하는 조례 규정에 따라 폐기물처리시설 부담금을 부과한 사안에서, 위 조례 규정은 폐기물시설촉진법령의 가능한 해석범위를 넘어 이를 확장함으로써 위임의 한계를 벗어난 새로운 입법을 한 것과 다름없으므로 효력이 없다.

02 행정규제 기본 원칙

> [제10회]
> 규제의 원칙을 설명하고 규제개혁위원회의 심의·조정 사항을 기술하시오. (20점)
>
> [제13회]
> 규제법정주의 및 규제의 원칙을 설명하고 우선허용·사후규제 원칙에 대하여 설명하시오. (20점)

1. 행정규제의 의의

행정규제란 국가나 지방자치단체가 특정한 행정 목적을 실현하기 위하여 국민 또는 국내법을 적용받는 외국인의 권리를 제한하거나 의무를 부과하는 것으로서 법령등이나 조례·규칙에 규정되는 사항을 말한다.

2. 규제의 원칙

(1) 규제는 그 본질적 내용을 침해하지 아니하도록 하여야 한다.

(2) 실효성이 있는 규제가 되도록 하여야 한다.

(3) 규제의 대상과 수단은 규제의 목적 실현에 필요한 최소한의 범위에서 가장 효과적인 방법으로 설정되어야 한다.

3. 우선허용·사후규제 원칙(입법 방식의 유연화)

(1) **대상**

신기술을 활용한 새로운 서비스 또는 제품과 관련된 규제이다.

(2) **내용**

① 규제로 인하여 제한되는 권리나 부과되는 의무는 한정적으로 열거하고 그 밖의 사항은 원칙적으로 허용한다(네거티브 리스트).
② 포괄적으로 개념을 정의한다.
③ 분류 기준을 유연하게 정한다.
④ 필요에 따라 출시 후에 권리를 제한하거나 의무를 부과한다.

Chapter 02 규제의 신설·강화에 대한 원칙과 심사

01 자체심사절차

> [제5회]
> 규제영향분석 및 자체심사에 관하여 설명하시오. (20점)

1. 자체심사

(1) 규제영향분석

① **의의**

규제가 미치는 영향을 객관적이고 과학적인 방법을 사용하여 미리 예측·분석함으로써 규제의 타당성을 판단하는 기준을 제시하는 것을 말한다.

② **규제영향분석 시 고려사항**

㉠ 규제 목적의 실현 가능성
㉡ 규제의 신설 또는 강화의 필요성
㉢ 비용과 편익의 비교 분석
㉣ 규제 외의 대체 수단 존재 여부 및 기존규제와의 중복 여부
㉤ 규제 시행이 중소기업에 미치는 영향
㉥ 규제 내용의 객관성과 명료성
㉦ 경쟁 제한적 요소의 포함 여부
㉧ 부담을 경감하기 위하여 폐지·완화가 필요한 기존규제
㉨ 규제의 존속기한·재검토기한의 설정 근거 또는 미설정 사유

(2) 입법예고

규제영향분석서를 입법예고 기간 동안 공표하여야 하고, 제출된 의견을 검토한다.

(3) 자체검토

중앙행정기관의 장은 수렴한 의견을 기초로 자체규제심사위원회의 심의를 거쳐 그 규제의 타당성에 대하여 자체심사를 하여야 한다.

2. 규제의 존속기한 및 재검토기한 설정(규제일몰제)

(1) 원칙
중앙행정기관의 장은 존속기한 또는 재검토기한을 설정하여 그 법령등에 규정하여야 한다.

(2) 기간
기한은 규제의 목적을 달성하기 위하여 필요한 최소한의 기간 내에서 설정되어야 하며, 그 기간은 원칙적으로 5년을 초과할 수 없다.

(3) 절차
① 존속기한 또는 재검토기한의 6개월 전까지 위원회에 심사를 요청하여야 한다.
② 규제의 존속기한 또는 재검토기한의 3개월 전까지 개정안을 국회에 제출하여야 한다.

(4) 규제의 재검토
중앙행정기관의 장은 자체규제심사위원회의 심의를 거쳐 규제의 재검토를 실시하고, 결과보고서를 작성·보존 및 공개하여 다음 재검토를 실시할 때 그 내용을 반영하여야 한다.

3. 소상공인 등에 대한 규제 형평

(1) 중앙행정기관의 장은 규제를 신설하거나 강화하려는 경우 소상공인 및 소기업에 대하여 해당 규제를 적용하는 것이 적절하지 아니하거나 과도한 부담을 줄 우려가 있다고 판단되면 규제의 전부 또는 일부의 적용을 면제하거나 일정기간 유예하는 등의 방안을 검토하여야 한다.

(2) 중앙행정기관의 장은 소상공인 등에 대한 규제 형평을 적용하는 것이 적절하지 아니하다고 판단될 경우에는 위원회에 심사를 요청할 때에 그 판단의 근거를 제시하여야 한다.

02 위원회 심사 절차

1. 예비심사

(1) 중요규제 여부 결정

위원회는 규제의 심사를 요청받은 날부터 10일 이내에 중요규제인지를 결정하여야 한다. 위원회가 중요규제가 아니라고 결정한 규제는 위원회의 심사를 받은 것으로 본다.

(2) 중요규제의 판단기준

① 국민이 부담하여야 할 비용이 연간 100억 원 이상인 규제
② 규제를 받는 사람의 수가 연간 100만 명 이상인 규제
③ 명백하게 진입이나 경쟁이 제한적인 성격의 규제
④ 국제기준에 비추어 규제 정도가 과도하거나 불합리한 규제
⑤ 다른 행정기관의 규제와 심각한 불일치 또는 간섭을 발생시키는 규제
⑥ 이해관계인 간 이견이 첨예하게 대립하거나 상당한 부작용이 우려되는 규제

(3) 예외

규제가 중요규제 판단기준에 해당하더라도 이해관계인 간의 이견이 없으면서 다른 규제대안이 없는 경우 등 불가피성이 인정되는 경우에는 중요규제로 보지 아니할 수 있다.

2. 심사

(1) 심사 기간

위원회는 심사 요청을 받은 날부터 45일 이내에 심사를 끝내고, 지체 없이 그 결과를 관계 중앙행정기관의 장에게 통보하여야 한다. 다만, 불가피한 경우에는 15일을 넘지 아니하는 범위에서 한 차례만 연장할 수 있다.

(2) 심사 내용

위원회는 관계 중앙행정기관의 자체심사가 신뢰할 수 있는 자료와 근거에 의하여 적절한 절차에 따라 적정하게 이루어졌는지 심사하여야 한다.

3. 심사 효과

위원회는 규제의 신설 또는 강화를 철회하거나 개선하도록 권고할 수 있다. 이에 대하여 중앙행정기관의 장은 위원회에 재심사를 요청할 수 있다.

03 긴급한 규제

1. 심사 요청

긴급하게 규제를 신설하거나 강화하는 경우에는 정식 절차를 생략하고 위원회에 바로 심사를 요청할 수 있다. 이 경우 그 사유를 제시하여야 한다.

2. 긴급성이 인정되는 경우

위원회는 규제의 긴급성이 인정된다고 결정하면 심사를 요청받은 날부터 20일 이내에 규제의 신설 또는 강화의 타당성을 심사하고 그 결과를 관계 중앙행정기관의 장에게 통보하여야 한다. 이 경우 관계 중앙행정기관의 장은 위원회의 심사 결과를 통보받은 날부터 60일 이내에 위원회에 규제영향분석서를 제출하여야 한다.

3. 긴급성이 부정되는 경우

위원회는 규제의 긴급성이 인정되지 아니한다고 결정하면 심사를 요청받은 날부터 10일 이내에 관계 중앙행정기관의 장에게 절차를 거치도록 요구할 수 있다.

Chapter 03 기존규제의 정비

01 정비 요청

1. 규제 정비의 요청

누구든지 위원회에 기존규제의 정비를 요청할 수 있다. 위원회는 정비 요청을 받으면 해당 규제의 소관 행정기관의 장에게 지체 없이 통보하여야 하고, 행정기관의 장은 책임자 실명으로 성실히 규제 존치의 필요성 등에 대하여 소명하여야 한다.

2. 중앙행정기관의 장의 의견제출

중앙행정기관의 장은 위원회에 다른 행정기관 소관의 규제에 관한 의견을 제출할 수 있다.

02 자체정비

1. 기존규제의 자체정비

(1) 중앙행정기관의 장은 매년 소관 기존규제에 대하여 정비하여야 한다.

(2) 중앙행정기관의 장은 기존규제에 대한 점검결과 존속시켜야 할 명백한 사유가 없는 규제는 존속기한 또는 재검토기한을 명시하여야 한다.

2. 신기술 서비스·제품 관련 규제의 정비 및 특례(규제 샌드박스)

(1) **규제의 신속 확인**

① 중앙행정기관의 장은 신기술 서비스·제품과 관련하여 국민이 확인을 요청하는 경우 이를 지체 없이 확인하여 통보하여야 한다.

② 중앙행정기관의 장은 기존규제가 신기술 서비스·제품의 육성을 저해하는 경우에는 해당 규제를 신속하게 정비하여야 한다.

(2) **규제 특례**

① **규제 적용의 면제 또는 완화**

중앙행정기관의 장은 해당 규제가 정비되기 전이라도 규제 특례 위원회의 심의를 거쳐 규제 특례 관계 법률로 정하는 바에 따라 해당 규제의 적용을 면제하거나 완화할 수 있다.

② 규제 특례 적용 시 고려사항
  ㉠ 국민의 안전·생명·건강에 위해가 되는지 여부
  ㉡ 환경 및 지역균형발전을 저해하는지 여부
  ㉢ 개인정보의 안전한 보호 및 처리 여부
  ㉣ 해당 신기술 서비스·제품의 혁신성 및 안전성과 그에 따른 이용자의 편익
  ㉤ 부작용에 대한 사후 책임 확보 방안
③ 규제 특례 위원회의 심의·재심의
  규제 특례를 부여하려는 경우에는 90일 이내에 규제 특례 위원회에 해당 사항을 상정하여 심의·의결을 거쳐야 한다. 규제 특례 위원회에서 규제 특례 부여가 부결된 경우에는 규제 특례의 부여를 신청한 자는 재심의를 신청할 수 있다.
④ 변경 신청
  신기술 서비스·제품과 관련된 규제 특례를 부여받은 자는 사정의 변경 등 정당한 사유가 있는 경우 규제 특례의 내용·조건 등의 변경을 신청할 수 있다.

03 규제정비 종합계획

1. 규제정비 종합계획의 수립
중앙행정기관의 장은 위원회가 작성한 정비지침에 따라 그 기관의 규제정비 계획을 수립하여 위원회에 제출하여야 한다. 위원회는 중앙행정기관별 규제정비 계획을 종합하여 정부의 규제정비 종합계획을 수립한다.

2. 규제정비 종합계획의 시행
중앙행정기관의 장은 규제정비 종합계획에 따라 소관 기존규제를 정비하고 그 결과를 위원회에 제출하여야 한다.

3. 조직 정비 등
위원회는 기존규제가 정비된 경우 정부의 조직과 예산을 관장하는 관계 중앙행정기관의 장에게 이를 통보하여야 한다.

Chapter 04 규제개혁위원회

> **제7회**
> 규제개혁위원회의 설치, 기능 및 조사·의견청취 등에 관하여 설명하시오. (20점)
>
> **제10회**
> 규제의 원칙을 설명하고 규제개혁위원회의 심의·조정 사항을 기술하시오. (20점)

01 설치

정부의 규제정책을 심의·조정하고 규제의 심사·정비 등에 관한 사항을 종합적으로 추진하기 위하여 대통령 소속으로 규제개혁위원회를 둔다.

02 기능

1. 심의·조정 사항

(1) 규제정책의 기본방향과 규제제도의 연구·발전에 관한 사항

(2) 규제의 신설·강화 등에 대한 심사에 관한 사항

(3) 기존규제의 심사, 신산업 규제정비 기본계획 및 규제정비 종합계획의 수립·시행에 관한 사항

(4) 규제의 등록·공표에 관한 사항

(5) 규제 개선에 관한 의견 수렴 및 처리에 관한 사항

(6) 각급 행정기관의 규제 개선 실태에 대한 점검·평가에 관한 사항

2. 의견제출 및 권고

위원회는 규제 특례 위원회에 의견을 제출하거나, 필요한 경우 권고할 수 있다. 이 경우 권고를 받은 규제 특례 위원회는 권고사항에 대한 처리결과를 위원회에 제출하여야 한다.

03 의결 정족수

위원회의 회의는 재적위원 과반수의 출석으로 개의하고, 재적위원 과반수의 찬성으로 의결한다.

04 규제 개선 점검·평가

1. 위원회는 각급 행정기관의 규제제도의 운영 실태와 개선사항을 확인·점검하여야 하며, 그 확인·점검 결과를 평가하여 국무회의와 대통령에게 보고하여야 한다.
2. 위원회는 규제 개선에 소극적이거나 이행 상태가 불량하다고 판단되는 경우 대통령에게 그 시정에 필요한 조치를 건의할 수 있다.

Chapter 01 개인정보 일반론
Chapter 02 정보주체의 권리 보장
Chapter 03 개인정보 보호위원회
Chapter 04 개인정보의 처리
　　　　　 - 개인정보의 수집, 이용, 제공 등
Chapter 05 개인정보의 처리 제한

Chapter 06 가명정보의 처리
Chapter 07 개인정보의 국외 이전
Chapter 08 개인정보의 안전한 관리
Chapter 09 개인정보 분쟁조정
Chapter 10 개인정보 단체소송

PART

06

개인정보 보호법

Chapter 01 개인정보 일반론

01 개인정보 보호 원칙

> **제9회**
> 개인정보자기결정권의 의미와 개인정보 보호 원칙에 관하여 설명하시오. (20점)

1. 비례의 원칙
개인정보 처리자는 목적에 필요한 범위에서 최소한의 정보만을 적법하게 수집하여야 한다.

2. 목적 범위 내 사용원칙
개인정보의 처리 목적 외의 용도로 활용하여서는 아니 된다.

3. 정확성의 원칙
개인정보의 정확성 및 완전성을 보장하여야 한다.

4. 안전관리의 원칙
개인정보를 안전하게 관리하여야 한다.

5. 정보처리공개의 원칙
개인정보의 처리에 관한 사항을 공개하여야 하며, 정보주체의 권리를 보장하여야 한다.

6. 사생활 침해 금지
사생활 침해를 최소화하는 방법으로 개인정보를 처리하여야 한다.

7. 익명 및 가명 처리
개인정보처리자는 목적을 달성할 수 있는 경우 개인정보를 익명 또는 가명으로 처리한다.

02 개인정보의 개념과 정보주체의 권리

> [제2회]
> 정보주체의 권리에 대하여 설명하시오. (20점)
>
> [제7회]
> 개인정보의 개념 및 개인정보처리자의 손해배상책임에 관하여 설명하시오. (20점)
>
> [제9회]
> 개인정보자기결정권의 의미와 개인정보 보호 원칙에 관하여 설명하시오. (20점)

1. 개인정보 개념

살아 있는 개인에 관한 정보로서 다음에 해당하는 정보를 말한다.

(1) 성명, 주민등록번호 및 영상 등을 통하여 개인을 알아볼 수 있는 정보

(2) 해당 정보만으로는 특정 개인을 알아볼 수 없더라도 다른 정보와 쉽게 결합하여 알아볼 수 있는 정보

(3) 살아 있는 개인에 관한 정보를 가명처리함으로써 원래의 상태로 복원하기 위한 추가 정보의 사용·결합 없이는 특정 개인을 알아볼 수 없는 정보(가명정보)

2. 개인정보 자기결정권

개인정보의 공개와 이용에 관하여 정보주체가 자율적으로 결정할 수 있는 권리이다. 개인정보 자기결정권은 「헌법」 제17조 사생활의 비밀과 자유를 근거로 한다.

3. 정보주체의 권리

(1) 개인정보의 처리에 관한 정보를 제공받을 권리

(2) 개인정보의 처리에 관한 동의 여부, 동의 범위 등을 선택하고 결정할 권리

(3) 개인정보의 처리 여부를 확인하고 개인정보에 대하여 열람 및 전송을 요구할 권리

(4) 개인정보의 처리 정지, 정정·삭제 및 파기를 요구할 권리

(5) 개인정보의 처리로 인하여 발생한 피해를 신속하고 공정한 절차에 따라 구제받을 권리

(6) 완전히 자동화된 개인정보 처리에 따른 결정을 거부하거나 그에 대한 설명 등을 요구할 권리

Chapter 02 정보주체의 권리 보장

01 개인정보의 열람 및 처리정지

1. 개인정보의 열람

(1) 열람 청구

정보주체는 개인정보처리자에게 열람을 요구할 수 있다.

(2) 열람 제한 및 거절 사유

① 법률에 따라 열람이 금지되거나 제한되는 경우
② 다른 사람의 생명, 신체 또는 재산 등을 부당하게 해할 우려가 있는 경우
③ 공공기관이 업무를 수행할 때 중대한 지장을 초래하는 경우

2. 개인정보의 처리정지 등

(1) 처리정지 등의 청구

정보주체는 개인정보처리자에게 개인정보 처리의 정지를 요구하거나 개인정보 처리에 대한 동의를 철회할 수 있다.

(2) 열람 제한 및 거절 사유

① 법률에 특별한 규정이 있거나 법령상 의무를 준수하기 위하여 불가피한 경우
② 다른 사람의 생명, 신체 또는 재산 등을 부당하게 해할 우려가 있는 경우
③ 공공기관이 다른 법률에서 정하는 소관 업무를 수행할 수 없는 경우
④ 개인정보를 처리하지 아니하면 계약의 이행이 곤란한 경우로서 정보주체가 그 계약의 해지 의사를 명확하게 밝히지 아니한 경우

3. 권리행사의 방법 및 절차

(1) 정보주체는 권리행사를 대리인이 하게 할 수 있다.

(2) 만 14세 미만 아동의 법정대리인은 개인정보처리자에게 그 아동의 개인정보 열람등의 요구를 할 수 있다.

(3) 개인정보처리자는 권리행사의 구체적인 방법과 절차를 공개하여야 한다. 이는 수집 방법과 절차보다 어렵지 아니하도록 하여야 한다.

(4) 개인정보처리자는 정보주체의 조치에 대하여 불복이 있는 경우 이의를 제기할 수 있도록 필요한 절차를 마련하고 안내하여야 한다.

02 개인정보의 전송

1. 개인정보의 전송 요구

(1) **전송 요구**

정보주체는 개인정보처리자에게 개인정보를 자신 또는 개인정보관리 전문기관 등에게로 전송할 것을 요구할 수 있다.

(2) **정보전송자의 전송정보**

① 보건의료정보전송자(질병관리청, 건강보험심사평가원, 상급종합병원 등)의 보건의료정보
② 통신정보전송자(이동통신서비스 제공자 등)의 통신정보
③ 에너지정보전송자(전기판매사업자, 도시가스사업자 등)의 에너지정보

(3) **전송 요구하는 정보의 요건**

① 정보주체가 전송을 요구하는 개인정보가 정보주체 본인에 관한 개인정보일 것
② 개인정보처리자가 분석·가공하여 별도로 생성한 정보가 아닐 것
③ 컴퓨터 등 정보처리장치로 처리되는 개인정보일 것

(4) **전송 요구의 철회**

정보주체는 전송 요구를 철회할 수 있다.

(5) **전송 요구의 제한**

정보주체는 전송 요구로 인하여 타인의 권리나 정당한 이익을 침해하여서는 아니 된다.

(6) **개인정보처리자의 거절 또는 전송 중단**

개인정보처리자는 정보주체의 본인 여부가 확인되지 아니하는 경우 등에는 전송 요구를 거절하거나 전송을 중단할 수 있다.

(7) **고유식별정보의 처리**

정보전송자는 개인정보의 전송 요구에 관한 사무를 수행하기 위하여 불가피한 경우 고유식별정보가 포함된 자료를 처리(본인 여부 확인을 하는 경우로 한정)할 수 있다.

2. 개인정보관리 전문기관

(1) 성립
개인정보관리 전문기관은 보호위원회 또는 관계 중앙행정기관의 장으로부터 지정을 받아야 한다.

(2) 수행 업무
① 개인정보의 전송 요구권 행사 지원, ② 정보주체의 권리행사를 지원하기 위한 개인정보 전송시스템의 구축 및 표준화 등의 업무를 수행한다.

(3) 금지 행위
① 정보주체에게 개인정보의 전송 요구를 강요하거나 부당하게 유도하는 행위
② 그 밖에 개인정보를 침해하거나 정보주체의 권리를 제한할 우려가 있는 행위

3. 보호위원회의 지원

(1) 개인정보 전송 지원 플랫폼
보호위원회는 개인정보 전송 지원 플랫폼을 구축·운영할 수 있다.

(2) 전송지원 플랫폼과 전송 시스템의 연계
보호위원회는 개인정보 전송지원 플랫폼과 개인정보관리 전문기관의 전송 시스템을 상호 연계하거나 통합할 수 있다.

03 자동화된 결정에 대한 정보주체의 권리 등

정보주체는 자동화된 결정이 자신의 권리 또는 의무에 중대한 영향을 미치는 경우에는 해당 개인정보처리자에 대하여 해당 결정을 거부하거나 이에 대한 설명 등을 요구할 수 있는 권리를 가진다. 이 경우 개인정보처리자는 필요한 조치를 하고 그 결과를 30일 이내에 서면등의 방법으로 정보주체에게 알려야 한다.

04 손해배상청구

> [제7회]
> 개인정보의 개념 및 개인정보처리자의 손해배상책임에 관하여 설명하시오. (20점)

1. 손해배상책임

(1) 일반적 손해배상

정보주체는 개인정보처리자의 위법한 행위로 손해를 입으면 개인정보처리자에게 손해배상을 청구할 수 있다. 이 경우 그 개인정보처리자는 고의 또는 과실이 없음을 입증하지 아니하면 책임을 면할 수 없다.

(2) 징벌적 손해배상

개인정보처리자의 고의 또는 중대한 과실로 인하여 개인정보가 분실·도난·유출·위조·변조 또는 훼손된 경우로서 정보주체에게 손해가 발생한 때에는 법원은 그 손해액의 5배를 넘지 아니하는 범위에서 손해배상액을 정할 수 있다. 다만, 개인정보처리자가 고의 또는 중대한 과실이 없음을 증명한 경우에는 그러하지 아니하다.

2. 법정손해배상

(1) 청구

정보주체는 개인정보처리자의 고의 또는 과실로 인하여 개인정보가 분실·도난·유출·위조·변조 또는 훼손된 경우에는 300만 원 이하의 범위에서 상당한 금액을 손해액으로 하여 배상을 청구할 수 있다. 이 경우 해당 개인정보처리자는 고의 또는 과실이 없음을 입증하지 아니하면 책임을 면할 수 없다.

(2) 청구의 변경

손해배상을 청구한 정보주체는 사실심의 변론이 종결되기 전까지 그 청구를 법정손해배상청구로 변경할 수 있다.

Chapter 03 개인정보 보호위원회

01 설치 및 구성

1. 설치
보호위원회는 국무총리 소속으로 「정부조직법」에 따른 중앙행정기관으로 본다.

2. 구성
(1) 보호위원회는 상임위원 2명(위원장 1명, 부위원장 1명)을 포함한 9명의 위원으로 구성한다.

(2) 보호위원회의 위원은 개인정보 보호에 관한 경력과 전문지식이 풍부한 사람 중에서 위원장과 부위원장은 국무총리의 제청으로, 그 외 위원 중 2명은 위원장의 제청으로, 2명은 대통령이 소속되거나 소속되었던 정당의 교섭단체 추천으로, 3명은 그 외의 교섭단체 추천으로 대통령이 임명 또는 위촉한다.

02 소관 사무

1. 개인정보의 보호와 관련된 법령의 개선
2. 개인정보 보호와 관련된 정책·제도·계획 수립·집행
3. 정보주체의 권리침해에 대한 조사 및 이에 따른 처분
4. 개인정보의 처리와 관련한 고충처리·권리 구제 및 분쟁 조정

03 심의·의결 사항

1. 고발 및 징계권고에 관한 사항
2. 시정조치 등에 관한 사항
3. 처리결과의 공표 및 공표명령에 관한 사항
4. 과징금·과태료 부과에 관한 사항
5. 개인정보 보호에 관한 법령의 해석·운용에 관한 사항
6. 개인정보의 처리에 관한 공공기관 간의 의견조정에 관한 사항
7. 영향평가 결과에 관한 사항
8. 기본계획 및 시행계획에 관한 사항
9. 개인정보 침해요인 평가에 관한 사항
10. 개인정보의 국외 이전 중지 명령에 관한 사항
11. 시정권고에 관한 사항

개인정보의 처리
– 개인정보의 수집, 이용, 제공 등

01 개인정보 수집·이용

1. 개인정보의 수집·이용

(1) 대상
① 정보주체의 동의를 받은 경우
② 법률에 특별한 규정이 있거나 법령상 의무를 준수하기 위하여 불가피한 경우
③ 공공기관이 법령등에서 정하는 소관 업무의 수행을 위하여 불가피한 경우
④ 정보주체와 체결한 계약을 이행하거나 계약을 체결하는 과정에서 정보주체의 요청에 따른 조치를 이행하기 위하여 필요한 경우
⑤ 명백히 정보주체 또는 제3자의 급박한 생명, 신체, 재산의 이익을 위하여 필요한 경우
⑥ 개인정보처리자의 정당한 이익을 달성하기 위하여 필요한 경우로서 명백하게 정보주체의 권리보다 우선하는 경우. 이 경우 개인정보처리자의 정당한 이익과 상당한 관련이 있고 합리적인 범위를 초과하지 아니하는 경우에 한한다.
⑦ 공중위생 등 공공의 안전과 안녕을 위하여 긴급히 필요한 경우

(2) 동의 시 통지 사항
① 개인정보의 수집·이용 목적
② 수집하려는 개인정보의 항목
③ 개인정보의 보유 및 이용 기간
④ 동의를 거부할 권리 및 동의 거부에 따른 불이익의 내용

2. 개인정보의 수집 제한

(1) 목적에 필요한 최소한의 개인정보를 수집하여야 한다.

(2) 필요한 최소한의 정보 외의 개인정보 수집에는 동의하지 아니할 수 있다는 사실을 구체적으로 알려야 한다.

(3) 개인정보처리자는 정보주체가 필요한 최소한의 정보 외의 개인정보 수집에 동의하지 아니한다는 이유로 정보주체에게 재화 또는 서비스의 제공을 거부하여서는 아니 된다.

02 개인정보의 제공, 목적 외 이용·제공

> [제13회]
> 개인정보처리자의 개인정보의 목적외 이용·제공 제한에 대하여 설명하시오. (20점)

1. 개인정보의 제공

(1) 원칙
개인정보처리자는 개인정보를 제공하여서는 아니 된다.

(2) 예외
① 정보주체의 동의를 받은 경우
② 개인정보를 수집한 목적 범위에서 개인정보를 제공하는 경우

2. 개인정보의 목적 외 이용·제공 제한

(1) 원칙
개인정보처리자는 개인정보를 목적 외 이용·제공하여서는 아니 된다.

(2) 예외(④부터 ⑧까지의 경우는 공공기관의 경우로 한정)
① 정보주체로부터 별도의 동의를 받은 경우
② 다른 법률에 특별한 규정이 있는 경우
③ 명백히 급박한 생명, 신체, 재산의 이익을 위하여 필요한 경우
④ 소관 업무를 수행할 수 없는 경우로서 보호위원회의 심의·의결을 거친 경우
⑤ 조약, 국제협정의 이행
⑥ 범죄의 수사와 공소의 제기 및 유지
⑦ 법원의 재판업무 수행
⑧ 형 및 감호, 보호처분의 집행
⑨ 공중위생 등 공공의 안전과 안녕을 위하여 긴급히 필요한 경우

(3) 공공기관의 공개 의무
공공기관은 목적 외 이용·제공 시 보호위원회가 고시로 정하는 바에 따라 관보 또는 인터넷 홈페이지 등에 게재하여야 한다.

03 수집 출처 통지

1. 통지사항

개인정보처리자가 정보주체 이외로부터 수집한 개인정보를 처리하는 때에는 정보주체의 요구가 있으면 즉시 ① 개인정보의 수집 출처, ② 개인정보의 처리 목적, ③ 개인정보 처리의 정지를 요구하거나 동의를 철회할 권리가 있다는 사실에 해당하는 모든 사항을 정보주체에게 알려야 한다.

2. 의무적 통지

① 5만 명 이상의 민감정보 또는 고유식별정보, ② 100만 명 이상의 개인정보에 해당하는 개인정보를 수집하여 처리하는 개인정보처리자는 정보주체에게 통지사항을 알려야 한다.

3. 통지의 예외

(1) 통지를 요구하는 대상이 되는 개인정보가 ① 국가의 중대한 이익, ② 범죄 수사, 공소 제기 및 유지, 형 집행, ③ 조세나 관세의 범칙행위 조사, ④ 일회적으로 운영되는 파일 등 지속적으로 관리할 필요성이 낮다고 인정되는 개인정보파일, ⑤ 다른 법령에 따라 비밀로 분류된 개인정보파일에 해당하는 경우

(2) 다른 사람의 생명·신체·재산을 부당하게 침해할 우려가 있는 경우

4. 개인정보 이용·제공 내역의 통지

① 5만 명 이상의 민감정보 또는 고유식별정보, ② 100만 명 이상의 개인정보에 해당하는 개인정보를 수집하여 처리하는 개인정보처리자는 수집한 개인정보의 이용·제공 내역이나 이용·제공 내역을 확인할 수 있는 정보시스템에 접속하는 방법을 주기적으로 정보주체에게 통지하여야 한다.

04 동의를 받는 방법

1. 동의 사항을 각각 구분하여 동의

개인정보처리자는 개인정보의 ① 수집·이용, ② 제공, ③ 목적 외의 이용·제공, ④ 민감정보·고유식별정보 처리, ⑤ 홍보하거나 판매 권유에 해당하는 경우 각각의 동의 사항을 구분하여 각각 동의를 받아야 한다.

2. 서면 동의를 받는 경우

개인정보처리자는 동의를 서면으로 받을 때에는 ① 재화나 서비스의 홍보 또는 판매 등을 위하여 해당 개인정보를 이용하여 정보주체에게 연락할 수 있다는 사실, ② 처리하려는 개인정보의 항목 중 민감정보 또는 고유식별정보가 포함되어 있다는 사실 등을 명확히 표시하여 알아보기 쉽게 하여야 한다.

3. 동의 없이 처리할 수 있는 개인정보

개인정보처리자는 정보주체의 동의 없이 처리할 수 있는 개인정보에 대해서는 그 항목과 법적 근거를 공개하거나 정보주체에게 알려야 한다. 이 경우 입증책임은 개인정보처리자가 부담한다.

4. 불이익 금지

개인정보처리자는 선택적으로 동의할 수 있는 사항을 정보주체가 동의를 하지 아니한다는 이유로 정보주체에게 재화 또는 서비스의 제공을 거부할 수 없다.

5. 아동의 개인정보 보호

(1) 만 14세 미만 아동의 개인정보 처리는 그 법정대리인의 동의를 받아야 한다.

(2) 법정대리인의 동의를 받기 위하여 필요한 최소한의 정보는 법정대리인의 동의 없이 해당 아동으로부터 직접 수집할 수 있다.

(3) 개인정보처리자는 만 14세 미만의 아동에게는 쉬운 양식과 알기 쉬운 언어를 사용하여야 한다.

Chapter 05 개인정보의 처리 제한

01 민감정보의 처리 제한

1. 원칙
사상·신념, 정치적 견해 등 정보주체의 사생활을 현저히 침해할 우려가 있는 민감정보를 처리하여서는 아니 된다.

2. 예외
(1) 정보주체의 별도 동의
(2) 법령에서 허용

3. 안전성 확보 조치
민감정보 처리 시에는 안전성 확보에 필요한 조치를 하여야 한다.

4. 공개 가능성 및 비공개 선택 방법의 고지
개인정보처리자는 재화 또는 서비스의 제공 전에 민감정보의 공개 가능성 및 비공개를 선택하는 방법을 정보주체가 알아보기 쉽게 알려야 한다.

02 고유식별정보

1. 원칙
고유식별정보를 처리하여서는 아니 된다.

2. 예외
(1) 정보주체의 별도 동의
(2) 법령에서 허용

3. 안전성 확보 조치

고유식별정보 처리 시에는 안전성 확보에 필요한 조치를 하여야 한다.

4. 정기조사

(1) 대상 및 시기

보호위원회는 ① 1만명 이상의 고유식별정보를 처리하는 공공기관, ② 보호위원회가 정기조사가 필요하다고 인정하는 공공기관, 그리고 ③ 공공기관 외의 자로서 5만 명 이상의 고유식별정보를 처리하는 자에 해당하는 개인정보처리자가 안전성 확보에 필요한 조치를 하였는지에 관하여 3년마다 1회 이상 정기적으로 조사하여야 한다.

(2) 수행 기관

보호위원회는 한국인터넷진흥원 등이 정기조사를 수행하게 할 수 있다.

5. 주민등록번호 처리의 제한

(1) 원칙

주민등록번호를 처리하여서는 아니 된다.

(2) 예외

① 법률·대통령령·국회규칙·대법원규칙·헌법재판소규칙·중앙선거관리위원회규칙 및 감사원규칙에서 구체적으로 주민등록번호의 처리를 요구하거나 허용한 경우
② 정보주체 또는 제3자의 급박한 생명, 신체, 재산의 이익을 위하여 명백히 필요하다고 인정되는 경우
③ 주민등록번호 처리가 불가피한 경우로서 보호위원회가 고시로 정하는 경우

(3) 대체 수단 제공

개인정보처리자는 홈페이지에서 주민등록번호를 사용하지 아니하고도 회원으로 가입할 수 있는 방법을 제공하여야 한다.

03 영상정보처리기기의 설치·운영

> **제3회**
> 영상정보처리기기 설치·운영에 관하여 논하시오. (40점)

1. 영상정보처리기기의 종류

(1) 고정형 영상정보처리기기

일정한 공간에 지속적으로 설치되어 촬영하거나 이를 전송하는 장치를 의미한다.

(2) 이동형 영상정보처리기기

사람이 신체에 착용 또는 휴대하거나 이동 가능한 물체에 부착 또는 거치하여 촬영하거나 이를 전송하는 장치를 말한다.

2. 고정형 영상정보처리기기

(1) 설치·운영 원칙

공개된 장소에 영상정보 기기를 설치·운영하여서는 아니 된다.

(2) 설치·운영이 가능한 경우

① 범죄의 예방 및 수사, ② 화재 예방, ③ 교통단속 또는 교통정보의 수집 등을 위해서 설치·운영할 수 있다.

(3) 설치·운영의 제한

① 불특정 다수가 이용하는 목욕실, 화장실 등 개인의 사생활을 현저히 침해할 우려가 있는 장소에는 고정형 영상정보처리기기를 설치·운영하여서는 아니 된다.
② 임의로 조작하거나 다른 곳을 비춰서는 아니 되며, 녹음기능은 사용할 수 없다.

(4) 설치·운영 절차

① 공청회·설명회 개최 등 관계 전문가 및 이해관계인의 의견을 수렴해야 한다.
② 정보주체가 쉽게 인식할 수 있도록 ⊙ 설치 목적 및 장소, ⓒ 촬영 범위 및 시간, ⓒ 관리책임자의 연락처 등이 포함된 안내판을 설치하여야 한다.
③ 영상정보처리기기운영자는 안전성 확보를 위한 조치와 운영·관리방침을 마련해야 한다. 또한, 고정형 영상정보처리기기의 설치·운영에 관한 사무를 위탁할 수 있다.

3. 이동형 영상정보처리기기

(1) 운영 원칙
업무를 목적으로 공개된 장소에서 영상정보처리기기로 개인정보를 촬영하여서는 아니 된다.

(2) 운영이 가능한 경우
개인정보를 수집·이용할 수 있는 경우이거나 촬영 사실을 명확히 표시하여 정보주체가 촬영 사실을 알 수 있도록 하였음에도 불구하고 촬영 거부 의사를 밝히지 아니한 경우에는 촬영이 가능하다. 촬영하는 경우에는 불빛, 소리, 안내판 등으로 촬영 사실을 표시하고 알려야 한다.

(3) 운영의 제한
누구든지 불특정 다수가 이용하는 목욕실, 화장실, 발한실, 탈의실 등 개인의 사생활을 현저히 침해할 우려가 있는 장소의 내부를 볼 수 있는 곳에서 이동형 영상정보처리기기로 사람 또는 그 사람과 관련된 사물의 영상을 촬영하여서는 아니 된다. 다만, 인명의 구조·구급 등을 위하여 필요한 경우에는 그러하지 아니하다.

(4) 운영 절차
영상정보처리기기운영자는 안전성 확보를 위한 조치와 운영·관리방침을 마련해야 한다. 또한, 고정형 영상정보처리기기의 설치·운영에 관한 사무를 위탁할 수 있다.

04 업무위탁, 영업양도

1. 업무위탁에 따른 개인정보의 처리 제한

개인정보처리자는 위탁 내용을 문서로 작성하여 이를 공개하여야 한다. 이때 수탁자가 위탁받은 업무로 발생한 손해배상책임에 대하여는 수탁자를 개인정보처리자의 소속 직원으로 본다.

2. 영업양도 등에 따른 개인정보의 처리 제한

(1) 양도인의 사전 고지 의무

개인정보처리자는 영업양도 등으로 개인정보를 다른 사람에게 이전하는 경우에는 미리 해당 정보주체에게 알려야 한다.

(2) 양수인의 고지 의무

영업양수자등은 개인정보를 이전받았을 때에는 지체 없이 그 사실을 정보주체에게 알려야 한다. 다만, 영업양도자등이 그 이전 사실을 이미 알린 경우에는 그러하지 아니하다.

(3) 처리 제한

영업양수자등은 개인정보를 이전받은 경우에는 이전 당시의 본래 목적으로만 개인정보를 이용하거나 제3자에게 제공할 수 있다.

Chapter 06 가명정보의 처리

01 가명정보

살아 있는 개인에 관한 정보를 가명처리함으로써 추가 정보의 사용·결합 없이는 특정 개인을 알아볼 수 없는 정보를 의미한다.

02 가명정보의 처리 등

1. 동의 없이 처리할 수 있는 경우

개인정보처리자는 통계작성, 과학적 연구, 공익적 기록보존 등을 위하여 정보주체의 동의 없이 가명정보를 처리할 수 있다.

2. 가명정보의 제공

가명정보를 제3자에게 제공하는 경우에는 특정 개인을 알아보기 위하여 사용될 수 있는 정보를 포함해서는 아니 된다.

03 가명정보의 결합 제한

1. 결합 기관

가명정보의 결합은 보호위원회가 지정하는 전문기관이 수행한다.

2. 결합한 정보의 반출

결합된 정보를 반출하려는 개인정보처리자는 전문기관의 장의 승인을 받아야 한다.

04 가명정보 처리자의 의무

1. 안전성 확보
추가 정보를 별도로 분리하여 보관·관리하는 등 안전성 확보에 필요한 조치를 하여야 한다.

2. 처리 기간
개인정보처리자는 가명정보의 처리 기간을 별도로 정할 수 있다.

3. 금지의무
특정 개인을 알아보기 위한 목적으로 가명정보를 처리해서는 아니 된다.

05 적용범위

가명정보는 ① 정보주체 이외로부터 수집한 개인정보의 수집 출처 등 통지, ② 개인정보 이용·제공 내역의 통지, ③ 영업양도 등에 따른 개인정보의 이전 제한, ④ 개인정보 유출 등의 통지, ⑤ 개인정보의 열람, ⑥ 개인정보의 전송 요구, ⑦ 개인정보의 정정·삭제 및 ⑧ 개인정보의 처리정지 등을 적용하지 아니한다.

Chapter 07 개인정보의 국외 이전

01 개인정보의 국외 이전

1. 원칙

개인정보처리자는 개인정보를 국외로 이전하여서는 아니 된다.

2. 예외(국외로 이전할 수 있는 경우)

(1) 정보주체로부터 별도의 동의를 받은 경우

(2) 법률, 조약·국제협정에 특별한 규정이 있는 경우

(3) 계약의 체결 및 이행을 위하여 필요한 경우로서 ① 개인정보 처리방침을 공개하거나 ② 정보주체에게 알린 경우

(4) 보호위원회가 정한 인증을 받은 경우

(5) 개인정보가 이전되는 국가 또는 국제기구가 「개인정보 보호법」에 따른 개인정보 보호 수준과 실질적으로 동등한 수준을 갖추었다고 보호위원회가 인정하는 경우

3. 정보주체의 재동의

동의 시 통지사항을 변경하는 경우에는 정보주체에게 알리고 동의를 받아야 한다.

4. 개인정보처리자의 국외 이전 시의 의무

(1) 개인정보처리자는 개인정보의 보호조치를 하여야 한다.

(2) 「개인정보 보호법」을 위반하는 사항을 내용으로 하는 계약을 체결하여서는 아니 된다.

02 개인정보의 국외 이전 중지 명령

1. 중지 명령 사유
(1) 개인정보를 국외로 이전할 수 있는 경우 외의 사유로 이전하는 경우
(2) 개인정보처리자가 「개인정보 보호법」상 준수 규정이나 보호조치 의무를 위반한 경우
(3) 개인정보처리자가 「개인정보 보호법」을 위반하는 사항을 내용으로 계약을 체결한 경우
(4) 정보주체에게 피해가 발생하거나 발생할 우려가 현저한 경우

2. 이의 제기
국외 이전 중지 명령을 받은 날부터 7일 이내에 보호위원회에 이의를 제기할 수 있다.

03 상호주의

「개인정보 보호법」은 상호주의를 규정하고 있다.

Chapter 08 개인정보의 안전한 관리

01 안전 조치를 위한 제도

1. 안전조치의무

개인정보처리자는 개인정보가 침해되지 아니하도록 안전성 확보에 필요한 조치를 하여야 한다.

2. 개인정보 처리방침

개인정보처리자는 개인정보 처리방침을 수립하고 이를 공개하여야 한다. 이때 개인정보 처리방침의 내용과 개인정보처리자와 정보주체 간에 체결한 계약의 내용이 다른 경우에는 정보주체에게 유리한 것을 적용한다.

3. 개인정보 보호책임자의 지정

(1) **원칙**

개인정보처리자는 개인정보의 처리에 관한 업무를 총괄해서 책임질 개인정보 보호책임자를 지정하여야 한다.

(2) **예외**

소상공인의 경우에는 사업주 또는 대표자가 개인정보 보호책임자의 업무를 수행하고, 별도의 개인정보 보호책임자를 지정하지 아니할 수 있다.

(3) **개인정보 보호책임자의 자격**

연간 매출액 등이 1,500억 원 이상인 자로서 5만 명 이상의 정보주체에 관하여 민감정보를 처리하는 개인정보처리자와 100만 명 이상의 정보주체에 관하여 개인정보를 처리하는 자는 4년 이상의 개인정보 보호 경력 등이 있는 사람을 개인정보 보호책임자로 지정해야 한다.

4. 국내대리인 지정

국내에 주소 또는 영업소가 없는 개인정보처리자는 국내에 주소 또는 영업소가 있는 국내대리인을 문서로 지정하여야 한다.

5. 개인정보파일의 등록 및 공개

공공기관의 장은 개인정보파일 운용 시 보호위원회에 등록해야 한다.

6. 개인정보 보호 인증

보호위원회는 개인정보처리자의 일련의 조치가 「개인정보 보호법」에 부합하는지 등에 관하여 인증할 수 있다. 인증의 유효기간은 3년으로 한다.

02 영향평가

1. 의의

개인정보파일의 운용으로 인하여 개인정보 침해가 우려되는 경우, 공공기관의 장은 위험요인의 분석과 개선 사항 도출을 위한 평가를 하여야 한다.

2. 절차

(1) 보호위원회가 지정한 평가기관에 영향평가를 의뢰하여야 한다.

(2) 공공기관의 장이 개인정보파일을 등록할 때에는 영향평가 결과를 함께 첨부하여 보호위원회에 제출하여야 한다.

(3) 보호위원회는 영향평가 결과에 대하여 의견을 제시할 수 있다.

3. 고려사항

(1) 처리하는 개인정보의 수

(2) 개인정보의 제3자 제공 여부

(3) 정보주체의 권리를 해할 가능성 및 그 위험 정도

4. 일반 개인정보처리자의 노력 의무

공공기관 외의 개인정보처리자도 영향평가를 하기 위하여 적극 노력하여야 한다.

03 개인정보 유출

> [제4회]
> 2만 명 이상의 회원정보가 유출된 경우 개인정보처리자가 취하여야 할 조치를 설명하시오. (20점)

1. 통지

개인정보가 유출등이 된 경우 개인정보처리자는 ① 개인정보의 항목, ② 시점과 그 경위, ③ 피해를 최소화하기 위한 정보, ④ 개인정보처리자의 대응조치 및 피해 구제절차, ⑤ 피해 등을 접수할 수 있는 담당부서 및 연락처에 해당하는 사항을 해당 정보주체에게 지체 없이 알려야 한다.

2. 구제조치

개인정보처리자는 피해를 최소화하기 위한 대책을 마련하고 필요한 조치를 하여야 한다.

3. 신고

개인정보처리자는 ① 1천 명 이상의 정보주체에 관한 개인정보가 유출등이 된 경우, ② 민감정보 또는 고유식별정보가 유출등이 된 경우, ③ 개인정보처리시스템 등에 외부로부터의 불법적인 접근으로 인한 개인정보의 유출등이 발생한 경우에 해당한다면 72시간 이내에 보호위원회 또는 한국인터넷진흥원에 신고하여야 한다.

4. 노출된 개인정보의 삭제·차단

개인정보처리자는 공중에 노출된 개인정보에 대하여 보호위원회 또는 한국인터넷진흥원의 요청이 있는 경우에는 해당 정보를 삭제하거나 차단하는 등 필요한 조치를 하여야 한다.

Chapter 09 개인정보 분쟁조정

> **제12회**
> 집단분쟁조정의 실시요건과 처리절차에 관하여 설명하시오. (20점)

01 조정의 참여

개인정보처리자는 특별한 사유가 없으면 분쟁조정에 응하여야 한다.

02 처리기간

분쟁조정위원회는 분쟁조정 신청을 받은 날부터 60일 이내에 조정안을 작성하여야 한다.

03 조정 전 합의 권고

분쟁조정위원회는 당사자에게 그 내용을 제시하고 조정 전 합의를 권고할 수 있다.

04 진술의 원용 제한

조정절차에서의 의견과 진술은 소송에서 원용하지 못한다.

05 분쟁의 조정

1. 조정안 작성

분쟁조정위원회는 ① 침해행위의 중지, ② 구제조치, ③ 재발 방지 대책을 포함하여 분쟁조정 신청을 받은 날부터 60일 이내에 조정안을 작성하여야 한다.

2. 조정안의 수락 간주

당사자가 조정안을 제시받은 날부터 15일 이내에 수락 여부를 알리지 아니하면 조정을 수락한 것으로 본다.

3. 수락한 조정의 내용

당사자가 조정내용을 수락한 경우 조정의 내용은 재판상 화해와 동일한 효력을 갖는다.

06 조정의 거부 및 중지

1. 조정의 거부

분쟁조정위원회는 분쟁의 성질상 조정이 적합하지 않거나 부정한 목적으로 신청된 경우에는 그 조정을 거부할 수 있다.

2. 조정의 중지

분쟁조정위원회는 신청된 조정사건의 진행 중에 한쪽 당사자가 소를 제기하면 그 조정을 중지한다.

07 집단분쟁조정

1. 집단분쟁조정의 신청
국가 및 지방자치단체, 개인정보 보호단체 및 기관, 정보주체, 개인정보처리자는 50명 이상의 정보주체에게 같거나 비슷한 유형으로 피해 또는 권리침해가 발생하는 경우에는 집단분쟁조정을 신청할 수 있다.

2. 개시 공고
분쟁조정위원회는 집단분쟁조정 절차의 개시를 공고하여야 한다.

3. 처리기간
분쟁조정위원회는 공고가 종료된 날의 다음 날부터 60일 이내로 한다.

4. 보상계획서 제출 권고
분쟁조정위원회는 개인정보처리자가 집단분쟁조정의 내용을 수락한 경우에는 당사자가 아닌 자로서 피해를 입은 정보주체에 대한 보상계획서를 제출하도록 권고할 수 있다.

5. 조정절차에서의 제외
분쟁조정위원회는 집단분쟁조정의 당사자인 다수의 정보주체 중 일부의 정보주체가 법원에 소를 제기한 경우에는 그 소를 제기한 일부의 정보주체를 그 절차에서 제외한다.

Chapter 10 개인정보 단체소송

01 단체소송대상

개인정보처리자가 집단분쟁조정을 거부하거나 집단분쟁조정의 결과를 수락하지 아니한 경우 법원에 단체소송을 제기할 수 있다.

02 관할

피고의 주된 사무소 등의 지방법원 본원 합의부의 관할에 전속한다.

03 단체소송 주체의 요건

1. 소비자단체

(1) 정관에 따라 상시적으로 정보주체의 권익증진을 주된 목적으로 하는 단체일 것

(2) 단체의 정회원수가 1천 명 이상일 것

(3) 공정거래위원회에 등록한 소비자단체로서 등록 후 3년이 경과하였을 것

2. 비영리민간단체

(1) 법률상 또는 사실상 동일한 침해를 입은 100명 이상의 정보주체로부터 단체소송의 제기를 요청받을 것

(2) 정관에 개인정보 보호를 단체의 목적으로 명시한 후 최근 3년 이상 이를 위한 활동실적이 있을 것

(3) 단체의 상시 구성원수가 5천 명 이상일 것

(4) 비영리민간단체로서 중앙행정기관에 등록되어 있을 것

04 법원의 허가

법원은 소송 요건을 모두 갖춘 경우에 한하여 결정으로 단체소송을 허가한다.

05 확정판결의 효력

청구를 기각하는 판결이 확정된 경우 이와 동일한 사안에 관하여 다른 단체는 원칙적으로 단체소송을 제기할 수 없다. 다만, 판결이 확정된 후 그 사안과 관련하여 국가·지방자치단체 또는 국가·지방자치단체가 설립한 기관에 의하여 새로운 증거가 나타난 경우 또는 기각판결이 원고의 고의로 인한 것임이 밝혀진 경우에는 단체소송을 제기할 수 있다.

MEMO

Chapter 01 주민등록법상 대상자와 주민등록표
Chapter 02 주민등록번호
Chapter 03 등록의 신고
Chapter 04 주민등록증
Chapter 05 주민등록표의 열람 또는 등·초본의 교부

PART

07

주민등록법

Chapter 01 주민등록법상 대상자와 주민등록표

01 대상자

1. 시장·군수 또는 구청장은 30일 이상 거주할 목적으로 그 관할 구역에 거주지를 가진 주민을 거주자·거주불명자·재외국민으로 등록하여야 한다. 다만, 외국인은 예외로 한다.
2. 영내에 기거하는 군인은 그가 속한 세대의 거주지에서 본인이나 세대주의 신고에 따라 등록하여야 한다.

02 주민등록표 등의 작성

시장·군수 또는 구청장은 주민등록정보시스템으로 개인별 및 세대별 주민등록표와 세대별 주민등록표 색인부를 작성하고 기록·관리·보존하여야 한다.

03 주민등록표의 재작성

1. 시장·군수 또는 구청장은 주민등록표가 멸실되거나 손상되어 복구가 불가능한 때에는 주민등록표를 다시 작성하고, 그 사유를 재작성한 주민등록표에 기록하여야 한다.
2. 세대주가 변경된 때에는 세대별 주민등록표에 한정하여 주민등록표를 다시 작성하고, 이전의 주민등록표는 보존·관리하여야 한다.

Chapter 02 주민등록번호

01 주민등록번호의 부여와 정정

> **제11회**
> 주민등록번호의 '정정사유'와 '변경사유'에 관하여 설명하시오. (20점)

1. 주민등록번호의 부여

시장·군수 또는 구청장은 주민에게 주민등록번호를 부여하여야 한다.

2. 주민등록번호 정정

(1) 정정 요구

주민등록지의 시장·군수 또는 구청장은 정정 사유가 발생하면 주민등록번호를 부여한 시장·군수 또는 구청장에게 주민등록번호의 정정을 요구하여야 한다.

(2) 정정 사유

① 등록 사항의 정정으로 인하여 주민등록번호를 정정하여야 하는 경우
② 주민등록번호의 오류가 있는 경우

02 주민등록번호의 변경

> **제11회**
> 주민등록번호의 '정정사유'와 '변경사유'에 관하여 설명하시오. (20점)

1. 변경신청 사유

(1) 유출된 주민등록번호로 인하여 생명·신체·재산에 피해를 입거나 입을 우려가 있다고 인정되는 사람

(2) 「아동·청소년의 성보호에 관한 법률」에 따른 피해아동·청소년, 성폭력피해자, 성매매피해자, 가정폭력범죄의 피해자 등에 해당하는 사람으로서 유출된 주민등록번호로 인하여 피해를 입거나 입을 우려가 있다고 인정되는 사람

2. 변경신청

(1) **신청 상대방**

주민등록지 또는 거주지의 시장·군수 또는 구청장에게 변경을 신청할 수 있다.

(2) **심사 청구**

신청을 받은 시장·군수 또는 구청장은 주민등록번호변경위원회에 변경을 청구하여야 한다.

3. 주민등록번호변경위원회 변경심사

(1) **심사 기간**

변경위원회는 청구를 받은 날부터 90일 이내에 심사·의결을 완료하고 그 결과를 시장·군수 또는 구청장에게 통보하여야 한다. 변경 청구의 중대성·시급성이 인정되는 경우에는 45일 이내에 심사·의결을 완료한다. 다만, 심사·의결 기간은 30일의 범위에서 연장할 수 있다.

(2) **변경 거부 사유**

① 범죄경력을 은폐하거나 법령상의 의무를 회피할 목적이 있는 경우
② 수사나 재판을 방해할 목적이 있는 경우
③ 선량한 풍속 기타 사회질서에 위반되는 경우에 해당하는 사유가 있는 경우

4. 이의신청

신청인은 30일 이내에 이의신청을 할 수 있다.

Chapter 03 등록의 신고

01 주민등록 신고

1. 신고주의 원칙

주민의 등록은 주민의 신고에 따르며, 이중으로 신고할 수 없다.

2. 신고의무자

(1) 원칙

세대주가 신고사유가 발생한 날부터 14일 이내에 하여야 한다. 다만, 세대주가 신고할 수 없으면 세대를 관리하는 자 또는 본인 등이 할 수 있다.

(2) 재외국민의 신고

재외국민이 국내에 30일 이상 거주할 목적으로 입국하는 때에는 재외국민 본인이 하여야 한다.

(3) 합숙하는 곳에서의 신고의무자

신고사유가 발생한 날부터 14일 이내에 그 숙소의 관리자가 신고하여야 한다.

3. 해외체류에 관한 신고

90일 이상 해외에 체류할 목적으로 출국하려는 경우 출국 후에 그가 속할 세대의 거주지를 주소로 미리 신고할 수 있다.

4. 정정신고

신고사항에 변동이 있으면 변동이 있는 날부터 14일 이내 그 정정신고를 하여야 한다.

5. 국외이주신고 등

대한민국 외에 거주지를 정하려는 때에는 그의 현 거주지를 관할하는 시장·군수 또는 구청장에게 미리 신고하여야 한다.

02 전입신고(거주지의 이동)

1. 신고의무자의 신고

전입한 날부터 14일 이내에 신거주지의 시장·군수 또는 구청장에게 신고하여야 한다.

2. 관련 공부 이송 요청

신거주지의 시장·군수 또는 구청장은 전 거주지의 시장·군수 또는 구청장에게 주민등록정보시스템을 이용하여 주민등록표와 관련 공부의 이송을 요청하여야 한다.

3. 이송

전 거주지의 시장·군수 또는 구청장은 전출대상자가 세대원 전원이거나 세대주를 포함한 세대의 일부 전출인 경우에는 주민등록표와 관련 공부를, 세대주를 제외한 세대의 일부 전출인 경우에는 전출자의 개인별 주민등록표와 관련 공부를 이송하여야 한다.

4. 주민등록표 정리

신거주지의 시장·군수 또는 구청장은 주민등록표와 관련 공부가 이송되어 오면 지체 없이 주민등록표와 관련 공부를 정리 또는 작성하여야 한다.

5. 전입신고 사실의 통보

시장·군수 또는 구청장은 건물 또는 시설의 소유자 또는 임대인의 신청이 있는 경우에는 전입신고를 받을 때마다 그 전입신고 사실을 통보할 수 있다.

03 주민등록신고와 다른 법령에 따른 신고와의 관계

1. 「가족관계의 등록 등에 관한 법률」과의 관계

「주민등록법」에 따른 신고사항과 「가족관계의 등록 등에 관한 법률」에 따른 신고사항이 같으면 「가족관계의 등록 등에 관한 법률」에 따른 신고로써 「주민등록법」상 주민등록신고를 갈음한다.

2. 가족관계등록신고 등에 따른 주민등록표의 정리

(1) **신고지와 주민등록지가 같은 경우**

주민등록지의 시장·군수 또는 구청장은 「가족관계의 등록 등에 관한 법률」에 따른 신고를 받으면 주민등록표를 정리하여야 한다.

(2) **신고지와 주민등록지가 다른 경우**

가족관계등록 신고지의 시장·구청장 또는 읍·면장이 「가족관계의 등록 등에 관한 법률」에 따른 신고를 받아 가족관계등록부의 기록사항을 변경하면 지체 없이 그 신고사항을 주민등록지의 시장·군수 또는 구청장에게 통보하여야 하며, 그 통보를 받은 주민등록지의 시장·군수 또는 구청장은 이에 따라 주민등록표를 정리하여야 한다.

3. 주민등록과 가족관계등록과의 관련

(1) 등록기준지와 주민등록지가 다른 경우에 주민등록지의 시장·군수 또는 구청장이 가족관계등록부의 기록사항과 같은 내용의 주민등록표를 정리하면 그 내용을 등록기준지의 시장·구청장 또는 읍·면장에게 알려야 한다.

(2) 통보를 받은 시장·구청장 또는 읍·면장은 통보받은 사항 중 가족관계등록부의 기록사항과 다른 사항에 대하여는 지체 없이 그 내용을 주민등록지의 시장·군수 또는 구청장에게 알려야 한다.

4. 다른 법령에 따른 신고와의 관계

주민의 거주지 이동에 따른 주민등록의 전입신고가 있으면 「병역법」, 「민방위기본법」, 「인감증명법」, 「국민기초생활 보장법」, 「국민건강보험법」 및 「장애인복지법」에 따른 거주지 이동의 전출신고와 전입신고를 한 것으로 본다.

04 사실조사와 직권조치

1. 사실조사

(1) 사실조사 인정 사유
① 신고 사항을 14일 이내에 신고하지 아니한 때
② 신고 사항을 부실하게 신고한 때
③ 신고 사항의 신고된 내용이 사실과 다르다고 인정할 만한 상당한 이유가 있는 때

(2) 최고 또는 공고
시장·군수 또는 구청장은 신고의무자에게 사실대로 신고할 것을 최고 또는 공고하여야 한다. 최고 또는 공고에는 정하여진 기간에 신고하지 아니하면 직권조치를 할 수 있음을 알려야 한다.

2. 직권조치

시장·군수 또는 구청장은 신고의무자가 정하여진 기간에 신고하지 아니하면 주민등록을 하거나 등록사항을 정정 또는 말소하여야 한다. 거주사실이 불분명한 경우에는 그 신고의무자가 마지막으로 신고한 주소를 행정상 관리주소로 하여 거주불명 등록을 하여야 한다.

3. 거주불명자에 대한 사실조사와 직권조치

시장·군수 또는 구청장은 거주불명자 관리를 위하여 거주불명자에 대한 사실조사를 실시하여야 한다.

4. 이의신청

직권조치 처분에 대하여 이의가 있으면 그 처분일 또는 통지를 받거나 공고된 날부터 30일 이내에 서면으로 이의를 신청할 수 있다.

Chapter 04 주민등록증

> **제3회**
> 주민등록증의 재발급에 관하여 설명하시오. (20점)

01 주민등록지

주민등록지를 공법 관계에서의 주소로 하며, 주민등록이 전입신고일에 된 것으로 본다.

02 주민등록증의 발급

1. 시장·군수 또는 구청장은 17세 이상인 자에 대하여 주민등록증을 발급한다. 다만, 중증시각장애인이 신청하는 경우 시각장애인용 점자 주민등록증을 발급할 수 있다.
2. 주민등록증에는 성명, 사진, 주민등록번호, 주소, 지문, 발행일, 주민등록기관을 수록한다.

03 주민등록증의 재발급

주민등록증을 발급받은 후 ① 주민등록증의 분실이나 훼손, ② 성명, 생년월일 또는 성별의 변경 등에 해당하는 사유로 재발급을 받으려는 자는 시장·군수 또는 구청장에게 그 사실을 신고하고 재발급을 신청하여야 한다.

04 중증장애인에 대한 주민등록증의 발급 및 재발급

시장·군수 또는 구청장은 중증장애인으로서 본인이 직접 주민등록증의 발급·재발급을 신청하기가 어렵다고 판단하는 경우에는 관계 공무원으로 하여금 해당 중증장애인을 직접 방문하게 하여 주민등록증을 발급·재발급할 수 있다.

05 모바일 주민등록증

1. 의의

모바일 주민등록증이란 이동통신단말장치에 암호화된 형태로 설치된 주민등록증을 말한다.

2. 신청 및 발급

(1) 신청

모바일 주민등록증을 발급 또는 재발급받으려는 사람은 시장·군수 또는 구청장에게 모바일 주민등록증 발급 또는 재발급 신청서를 제출하고 주민등록증을 제시해야 한다.

(2) 발급

신청을 받은 시장·군수 또는 구청장은 주민등록증과 효력이 동일한 모바일 주민등록증을 발급할 수 있다.

(3) 제한

모바일 주민등록증은 본인이 사용하고 있는 이동통신단말장치 중 1대에만 발급 또는 재발급 받을 수 있다.

3. 재발급 신청 사유

(1) 주민등록번호가 정정된 경우(의무)

(2) 주민등록증의 기재사항 중 주소 외의 사항 또는 성명, 생년월일, 성별이 변경된 경우(의무)

(3) 모바일 주민등록증이 설치된 이동통신단말장치의 분실이나 훼손

(4) 그 밖에 재발급이 필요하다고 인정되는 경우

4. 수수료등

시장·군수 또는 구청장은 모바일 주민등록증을 발급하거나 재발급하는 경우 수수료를 징수하지 못하며, 모바일 주민등록증의 발급을 이유로 조세나 그 밖의 어떠한 명목의 공과금도 징수하여서는 아니 된다.

5. 유효기간

모바일 주민등록증의 발급 또는 재발급에 필요한 정보를 암호화하기 위해 이동통신단말장치에 설치·사용하는 전자적 정보의 유효기간은 3년으로 한다.

Chapter 05 주민등록표의 열람 또는 등·초본의 교부

01 신청자

1. 원칙

주민등록표의 열람이나 등·초본의 교부신청은 본인이나 세대원이 할 수 있다.

2. 예외

(1) 본인이나 세대원의 위임이 있는 경우

(2) 국가나 지방자치단체가 공무상 필요로 하는 경우

(3) 소송·비송사건·경매목적 수행상 필요한 경우

(4) 다른 법령에 주민등록자료를 요청할 수 있는 근거가 있는 경우

(5) 다른 법령에서 본인이나 세대원이 아닌 자에게 등·초본의 제출을 의무화하고 있는 경우

(6) ① 세대주의 배우자, ② 세대주의 직계혈족, ③ 세대주의 배우자의 직계혈족, ④ 세대주의 직계혈족의 배우자, ⑤ 세대원의 배우자(초본), ⑥ 세대원의 직계혈족(초본)

(7) 채권·채무관계 등 정당한 이해관계가 있는 자가 신청하는 경우(초본)

02 열람 또는 등·초본 교부의 제한

1. 전자문서나 무인민원발급기를 이용하는 경우에는 신청자 본인이나 세대원의 주민등록표 등·초본의 교부에 한정한다.

2. 열람 또는 등·초본의 교부가 개인의 사생활을 침해할 우려가 있거나 공익에 반한다고 판단되면 그 열람을 하지 못하게 하거나 등·초본을 발급하지 아니할 수 있다.

3. 가정폭력피해자는 가정폭력행위자가 본인과 주민등록지를 달리하는 경우 대상자를 지정하여 가정폭력피해자등의 주민등록표의 열람 또는 등·초본의 교부를 제한하도록 신청할 수 있다.

4. 이혼한 자와 같은 세대를 구성하지 아니한 그 직계비속이 이혼한 자의 주민등록표의 열람 또는 등·초본의 교부를 신청한 경우에는 주민등록표 초본만을 열람하게 하거나 교부할 수 있다.

03 전입세대확인서의 열람 또는 교부

1. 열람 또는 교부 신청

주민등록이 되어 있는 세대주와 동거인(말소 또는 거주불명 등록된 사람을 포함)의 전입세대확인서 열람 또는 교부를 주민등록정보시스템을 통해 신청할 수 있다.

2. 전입세대확인서의 열람 또는 교부 신청을 할 수 있는 자

(1) 해당 건물 또는 시설의 소유자 본인이나 그 세대원, 임차인 본인이나 그 세대원, 매매계약자 또는 임대차계약자 본인

(2) 해당 건물 또는 시설의 소유자, 임차인, 매매계약자 또는 임대차계약자 본인의 위임을 받은 자

(3) 다음의 어느 하나에 해당하는 경우로서 열람 또는 교부 신청을 하려는 자
  ① 경매참가자가 경매에 참가하려는 경우
  ② 신용조사회사 또는 감정평가법인 등이 임차인의 실태 등을 확인하려는 경우
  ③ 금융회사 등이 담보주택의 근저당을 설정하려는 경우
  ④ 법원의 현황조사명령서에 따라 집행관이 현황조사를 하려는 경우
  ⑤ 국가 또는 지방자치단체가 공무상 필요로 하는 경우

MEMO

Chapter 01 가족관계등록부
Chapter 02 신고
Chapter 03 등록부의 정정
Chapter 04 불복절차

행정사
이준희 행정절차론

PART

08

가족관계의 등록 등에 관한 법률

Chapter 01 가족관계등록부

01 증명서의 교부 및 열람

1. 증명서의 교부 청구권자

(1) 원칙

본인 또는 배우자, 직계혈족(본인등)과 그 대리인은 증명서의 교부를 청구할 수 있다.

(2) 예외

① 국가 또는 지방자치단체가 직무상 필요에 따라 문서로 신청하는 경우
② 대법원규칙으로 정하는 정당한 이해관계가 있는 사람이 신청하는 경우
③ 다른 법령에서 본인등에 관한 증명서를 제출하도록 요구하는 경우
④ 소송·비송·민사집행의 각 절차에서 필요한 경우

2. 친양자입양관계증명서의 청구권자

(1) 친양자가 성년이 되어 신청하는 경우

(2) 법원의 사실조회촉탁이 있거나 수사기관이 수사상 필요에 따라 문서로 신청하는 경우

(3) 혼인당사자가 친족관계를 파악하고자 하는 경우

3. 인터넷에 의한 증명서 발급

인터넷에 의한 증명서 발급은 본인 또는 배우자, 부모, 자녀가 신청할 수 있다.

4. 무인증명서발급기에 의한 증명서 발급

무인증명서발급기에 의한 증명서 발급은 본인만 할 수 있다.

5. 제한

(1) 증명서 교부 청구가 사생활의 비밀을 침해하는 등 부당한 목적에 의한 것이 분명하다고 인정되는 때에는 증명서의 교부를 거부할 수 있다.

(2) 등록사항별 증명서를 제출할 것을 요구하는 자는 사용목적에 필요한 최소한의 등록사항이 기록된 일반증명서 또는 특정증명서를 요구하여야 한다.

(3) 상세증명서를 요구하는 경우 그 이유를 설명하여야 한다.

(4) 제출받은 증명서를 사용목적 외의 용도로 사용하여서는 아니 된다.

(5) 가정폭력피해자는 교부제한대상자를 지정하여 시·읍·면의 장에게 가정폭력피해자 본인의 등록사항별 증명서의 교부를 제한하거나 그 제한을 해지하도록 신청할 수 있다.

(6) 신청을 받은 시·읍·면의 장은 교부제한대상자 또는 그 대리인에게 가정폭력피해자 본인의 등록사항별 증명서를 교부하지 아니할 수 있다.

6. 증명서의 열람 청구

(1) 본인 또는 배우자, 부모, 자녀는 등록부등의 기록사항의 전부 또는 일부에 대하여 전자적 방법에 의한 열람을 청구할 수 있다.

(2) 친양자입양관계증명서는 친양자가 성년이 된 이후에만 청구할 수 있다.

(3) 교부제한대상자에게는 가정폭력피해자 본인의 등록부등의 기록사항을 열람하게 하지 아니한다.

02 증명서의 종류

1. 일반 증명서의 기재사항

(1) **가족관계증명서**
① 본인의 등록기준지·성명·성별·본·출생연월일 및 주민등록번호
② 부모의 성명·성별·본·출생연월일 및 주민등록번호
③ 배우자, 생존한 현재의 혼인 중의 자녀의 성명·성별·본·출생연월일 및 주민등록번호

(2) **기본증명서**
① 본인의 등록기준지·성명·성별·본·출생연월일 및 주민등록번호
② 본인의 출생, 사망, 국적상실에 관한 사항

(3) **혼인관계증명서**
① 본인의 등록기준지·성명·성별·본·출생연월일 및 주민등록번호
② 배우자의 성명·성별·본·출생연월일 및 주민등록번호
③ 현재의 혼인에 관한 사항

(4) 입양관계증명서

① 본인의 등록기준지·성명·성별·본·출생연월일 및 주민등록번호
② 친생부모·양부모 또는 양자의 성명·성별·본·출생연월일 및 주민등록번호
③ 현재의 입양에 관한 사항

(5) 친양자입양관계증명서

① 본인의 등록기준지·성명·성별·본·출생연월일 및 주민등록번호
② 친생부모·양부모·친양자의 성명·성별·본·출생연월일 및 주민등록번호
③ 현재의 친양자 입양에 관한 사항

2. 상세증명서의 기재사항

(1) 가족관계증명서
모든 자녀의 성명·성별·본·출생연월일 및 주민등록번호

(2) 기본증명서
국적취득 및 회복 등에 관한 사항

(3) 혼인관계증명서
혼인 및 이혼에 관한 사항

(4) 입양관계증명서
입양 및 파양에 관한 사항

(5) 친양자입양관계증명서
친양자 입양 및 파양에 관한 사항

3. 특정증명서의 기재사항

(1) 가족관계증명서에 대한 특정증명서의 기재사항

① 본인의 성명·성별·출생연월일 및 주민등록번호
② 부모, 배우자 및 자녀 중 신청인이 선택한 사람의 성명·성별·출생연월일 및 주민등록번호 (사람을 복수로 선택할 수 있다.)
③ 본인의 등록기준지(신청인이 기재사항으로 선택한 경우)
④ 본인 및 신청인이 선택한 사람의 본(신청인이 기재사항으로 선택한 경우)

(2) 기본증명서에 대한 특정증명서의 기재사항

① 본인의 성명·성별·출생연월일 및 주민등록번호
② 다음 중 신청인이 선택한 어느 하나에 관한 사항
　㉠ 출생, 사망과 실종
　㉡ 인지와 친생자관계 정정
　㉢ 친권과 미성년후견(다만, 현재의 사항만을 선택할 수도 있다.)
　㉣ 개명과 성·본 변경
　㉤ 국적의 취득과 상실
　㉥ 성별 등의 정정
③ 본인의 등록기준지(신청인이 기재사항으로 선택한 경우)
④ 본인의 본(신청인이 기재사항으로 선택한 경우)

(3) 혼인관계증명서에 대한 특정증명서의 기재사항

① 본인의 성명·성별·출생연월일 및 주민등록번호
② 신청인이 선택한 과거의 혼인에 관한 사항
③ 본인의 등록기준지(신청인이 기재사항으로 선택한 경우)
④ 본인의 본(신청인이 기재사항으로 선택한 경우)

03 가정폭력피해자에 관한 기록사항의 공시 제한

1. 신청

가정폭력피해자는 공시제한대상자를 지정하여 시·읍·면의 장에게 공시 제한을 신청할 수 있다.

2. 공시 제한

가정폭력피해자 본인 외의 가족에 대한 등록사항별 증명서를 열람 또는 교부하거나 발급하는 경우 피해자에 관한 기록사항을 가리도록 제한할 수 있다.

3. 공시 제한의 예외

(1) 국가 또는 지방자치단체가 직무상 필요에 따라 문서로 신청하는 경우
(2) 소송·비송·민사집행의 각 절차에서 필요한 경우
(3) 다른 법령에서 본인등에 관한 증명서를 제출하도록 요구하는 경우
(4) 대법원규칙으로 정하는 정당한 이해관계가 있는 사람이 신청하는 경우

Chapter 02 신고

01 통칙

1. 신고의 장소

신고사건은 본인의 등록기준지 또는 신고인의 주소지나 현재지에서 할 수 있다.

2. 방법

신고는 서면이나 말로 할 수 있다. 다만, 신고로 인하여 효력이 발생하는 등록사건은 본인이 출석하지 아니하는 경우에는 본인의 신분증명서를 제시하거나 인감증명서를 첨부하여야 한다.

3. 전자문서를 이용한 신고

출생신고, 성·본 등 창설신고, 개명신고, 가족관계등록 창설신고, 104조·105조 등록부정정 신청은 전자문서로 할 수 있다.

4. 대리인에 의한 신고

신고인이 질병 또는 그 밖의 사고로 출석할 수 없는 때에는 대리인으로 하여금 신고하게 할 수 있다. 다만, 태아의 인지, 입양, 파양, 혼인 및 이혼의 신고는 그러하지 아니하다.

5. 제한능력자의 신고

신고하여야 할 사람이 미성년자 또는 피성년후견인일 때에는 친권자 또는 후견인을 신고의 무자로 한다. 다만, 미성년자 또는 피성년후견인이 그 법정대리인의 동의 없이 할 수 있는 행위에 관하여는 무능력자가 신고하여야 한다.

6. 신고기간

신고기간은 신고사건 발생일부터 기산한다. 이때 시·읍·면의 장은 신고기간이 경과한 후의 신고라도 수리하여야 한다.

02 출생신고

1. 신고기간
출생의 신고는 출생증명서 또는 출생확인서를 첨부하여 출생 후 1개월 이내에 하여야 한다.

2. 출생사실의 통보
(1) 의료인은 해당 의료기관에서 출생이 있는 경우 출생정보를 출생자 모의 진료기록부 또는 조산기록부에 기재하여야 한다.

(2) 의료기관의 장은 출생일부터 14일 이내에 출생정보를 심사평가원에 제출하여야 한다.

(3) 심사평가원은 출생자 모의 주소지를 관할하는 시·읍·면의 장에게 해당 출생정보를 포함한 출생사실을 지체 없이 통보하여야 한다.

3. 출생신고의 확인·최고 및 직권 출생 기록
(1) 심사평가원의 통보를 받은 시·읍·면의 장은 신고기간 내에 출생자에 대한 출생신고가 되었는지를 확인하여야 한다.

(2) 시·읍·면의 장은 신고기간이 지나도록 출생신고가 되지 아니한 경우에는 즉시 신고의무자에게 7일 이내에 출생신고를 할 것을 최고하여야 한다.

(3) 시·읍·면의 장은 ① 신고의무자가 최고기간 내에 출생신고를 하지 아니하거나 ② 신고의무자에게 최고할 수 없는 경우에는 감독법원의 허가를 받아 해당 출생자에 대하여 직권으로 등록부에 출생을 기록하여야 한다.

4. 신고의무자
(1) 혼인 중 출생자의 출생신고는 부 또는 모가 하여야 한다.

(2) 혼인외 출생자의 신고는 모가 하여야 한다(헌법불합치).

(3) 「민법」에 따라 법원이 부를 정하여야 할 때에는 출생의 신고는 모가 하여야 한다.

(4) 신고의무자가 신고의무 기간 내에 신고를 하지 아니하여 자녀의 복리가 위태롭게 될 우려가 있는 경우에는 검사 또는 지방자치단체의 장이 출생의 신고를 할 수 있다.

03 인지신고

1. 태아의 인지

태내에 있는 자녀를 인지할 때에는 신고서에 그 취지, 모의 성명 및 등록기준지를 기재하여야 한다.

2. 친생자출생의 신고에 의한 인지(헌법불합치)

(1) 부가 혼인 외의 자녀에 대하여 친생자출생의 신고를 한 때에는 그 신고는 인지의 효력이 있다.

(2) 모가 특정됨에도 불구하고 모의 소재불명 또는 모가 정당한 사유 없이 출생신고에 필요한 서류 제출에 협조하지 아니하는 등의 장애가 있는 경우에는 부의 등록기준지 또는 주소지를 관할하는 가정법원의 확인을 받아 신고를 할 수 있다.

(3) 모를 특정할 수 없는 경우에는 부의 등록기준지 또는 주소지를 관할하는 가정법원의 확인을 받아 친생자출생에 따른 신고를 할 수 있다.

3. 재판에 의한 인지

인지의 재판이 확정된 경우에 소를 제기한 사람은 재판의 확정일부터 1개월 이내에 재판서의 등본 및 확정증명서를 첨부하여 그 취지를 신고하여야 한다.

4. 유언에 의한 인지

유언에 의한 인지의 경우에는 유언집행자는 그 취임일부터 1개월 이내에 신고를 하여야 한다.

5. 인지된 태아의 사산

인지된 태아가 사체로 분만된 경우에 출생의 신고의무자는 그 사실을 안 날부터 1개월 이내에 그 사실을 신고하여야 한다.

04 국적의 취득과 상실

1. 인지에 의한 국적취득의 통보

법무부장관은 지체 없이 등록기준지의 시·읍·면의 장에게 통보하여야 한다.

2. 귀화허가의 통보

법무부장관은 지체 없이 등록기준지의 시·읍·면의 장에게 통보하여야 한다.

3. 국적회복허가의 통보

법무부장관은 지체 없이 등록기준지의 시·읍·면의 장에게 통보하여야 한다.

4. 국적상실신고

국적상실의 신고는 배우자 또는 4촌 이내의 친족이 그 사실을 안 날부터 1개월 이내에 하여야 한다. 국적상실자 본인도 국적상실의 신고를 할 수 있다.

5. 국적선택 등의 통보

법무부장관은 ① 복수국적자로부터 대한민국 국적을 선택하는 신고를 수리한 때, ② 국적이탈신고를 수리한 때, 그리고 ③ 대한민국 국적의 취득이나 보유 여부가 분명하지 아니한 자에 대하여 이를 심사한 후 대한민국 국민으로 판정한 때에는 등록기준지의 시·읍·면의 장에게 통보하여야 한다.

Chapter 03 등록부의 정정

> **제5회**
> 가족관계등록부에 기재된 출생연월일의 정정절차에 관하여 설명하시오. (20점)

01 등록부의 정정(제18조)

1. 통지

등록부의 기록이 법률상 무효인 것이거나 그 기록에 착오 또는 누락이 있음을 안 때에는 시·읍·면의 장은 지체 없이 신고인 또는 신고사건의 본인에게 그 사실을 통지하여야 한다.

2. 직권 정정

통지를 할 수 없을 때 또는 통지를 하였으나 정정신청을 하는 사람이 없는 때 또는 그 기록의 착오 또는 누락이 시·읍·면의 장의 잘못으로 인한 것인 때에는 시·읍·면의 장은 감독법원의 허가를 받아 직권으로 정정할 수 있다. 다만, 경미한 사항인 경우에는 시·읍·면의 장이 직권으로 정정하고, 감독법원에 보고하여야 한다.

02 위법한 가족관계 등록기록의 정정(제104조)

등록부의 기록이 법률상 허가될 수 없는 것 또는 그 기재에 착오나 누락이 있다고 인정한 때에는 이해관계인은 사건 본인의 등록기준지를 관할하는 가정법원의 허가를 받아 등록부의 정정을 신청할 수 있다.

03 무효인 행위의 가족관계등록기록의 정정(제105조)

신고로 인하여 효력이 발생하는 행위에 관하여 등록부에 기록하였으나 그 행위가 무효임이 명백한 때에는 신고인 또는 신고사건의 본인은 사건 본인의 등록기준지를 관할하는 가정법원의 허가를 받아 등록부의 정정을 신청할 수 있다.

04 의무

1. 허가의 재판이 있었을 때에는 재판서의 등본을 받은 날부터 1개월 이내에 그 등본을 첨부하여 등록부의 정정을 신청하여야 한다.

2. 확정판결로 인하여 등록부를 정정하여야 할 때에는 소를 제기한 사람은 판결확정일부터 1개월 이내에 판결의 등본 및 그 확정증명서를 첨부하여 등록부의 정정을 신청하여야 한다.

Chapter 04 불복절차

01 신청

등록사건에 관하여 이해관계인은 시·읍·면의 장의 위법 또는 부당한 처분에 대하여 관할 가정법원에 불복의 신청을 할 수 있다.

02 절차

1. 신청을 받은 가정법원은 신청에 관한 서류를 시·읍·면의 장에게 송부하며 그 의견을 구할 수 있다.
2. 시·읍·면의 장은 그 신청이 이유 있다고 인정하는 때에는 지체 없이 처분을 변경하고 그 취지를 법원과 신청인에게 통지하여야 한다.
3. 신청이 이유 없다고 인정하는 때에는 의견을 붙여 지체 없이 그 서류를 법원에 반환하여야 한다.

03 법원의 결정

1. 가정법원은 신청이 이유 없는 때에는 각하하고 이유 있는 때에는 시·읍·면의 장에게 상당한 처분을 명하여야 한다.
2. 신청의 각하 또는 처분을 명하는 재판은 결정으로써 하고, 시·읍·면의 장 및 신청인에게 송달하여야 한다.

04 항고

가정법원의 결정에 대하여는 법령을 위반한 재판이라는 이유로만 「비송사건절차법」에 따라 항고할 수 있다.

MEMO

2026 박문각 행정사 2차
이준희 행정절차론 핵심요약집

초판인쇄 | 2025. 11. 13. **초판발행** | 2025. 11. 20. **편저자** | 이준희
발행인 | 박 용 **발행처** | (주)박문각출판 **등록** | 2015년 4월 29일 제2019-000137호
주소 | 06654 서울시 서초구 효령로 283 서경 B/D 4층 **팩스** | (02)584-2927
전화 | 교재 문의 (02)6466-7202

저자와의
협의하에
인지생략

이 책의 무단 전재 또는 복제 행위는 저작권법 제136조에 의거, 5년 이하의 징역 또는 5,000만 원 이하의 벌금에 처하거나 이를 병과할 수 있습니다.

정가 14,000원

ISBN 979-11-7519-382-6